Medienwissenschaft: Einführungen kompakt

Reihe herausgegeben von

Ivo Ritzer, Gebäude GWI, Raum 007, Universität Bayreuth, Bayreuth, Bayern, Deutschland

Die Reihe „Medienwissenschaft: Einführungen kompakt" bietet Lehrenden und Studierenden konzise Perspektivierungen zentraler medienwissenschaftlicher Themenkomplexe. Mit besonderer Priorität auf innovativen Lektüren klassischer Fragestellungen werden grundlegende Begriffsklärungen vorgenommen, an die sich ein konzeptioneller Theorieteil zur Reflexion des jeweiligen Forschungsstandes knüpft. Analytische Kapitel bauen darauf auf und erarbeiten anwendungsbezogen eine Explikation des Theoriespektrums durch Konkretisierung am Beispiel. Die Bände schließen mit einem Ausblick, der aktuelle Forschungsdesiderata benennt sowie eine systematisierte/kommentierte Liste relevanter Literaturhinweise zur Verfügung stellt.

Weitere Bände in der Reihe http://www.springer.com/series/15665

Christoph Ernst · Jens Schröter

Zukünftige Medien

Eine Einführung

 Springer VS

Christoph Ernst
Universität Bonn
Bonn, Nordrhein-Westfalen
Deutschland

Jens Schröter
Universität Bonn
Bonn, Nordrhein-Westfalen
Deutschland

ISSN 2524-3187 ISSN 2524-3195 (electronic)
Medienwissenschaft: Einführungen kompakt
ISBN 978-3-658-30058-6 ISBN 978-3-658-30059-3 (eBook)
https://doi.org/10.1007/978-3-658-30059-3

Die Deutsche Nationalbibliothek verzeichnet diese Publikation in der Deutschen Nationalbibliografie; detaillierte bibliografische Daten sind im Internet über http://dnb.d-nb.de abrufbar.

Planung/Lektorat: Barbara Emig-Roller
Springer VS ist ein Imprint der eingetragenen Gesellschaft Springer Fachmedien Wiesbaden GmbH und ist ein Teil von Springer Nature.
Die Anschrift der Gesellschaft ist: Abraham-Lincoln-Str. 46, 65189 Wiesbaden, Germany

Danksagung

Die vorliegende Monographie wurde im Rahmen des von der Deutschen Forschungsgemeinschaft (DFG) geförderten Projektes »Van Gogh TV. Erschließung, Multimedia-Dokumentation und Analyse ihres Nachlasses« (Leitung: Prof. Dr. Jens Schröter/ Rheinische Friedrich-Wilhelms-Universität Bonn und Prof. Anja Stöffler/Hochschule Mainz, Förderzeitraum 2018–2021) angefertigt. Für wertvolle Hinweise und Hilfe bei der Erstellung des Manuskriptes danken wir Tilman Baumgärtel, Jule Wegen, Karoline Kozlowski, Christian Wild von Hohenborn und Rainer Hörmann. Besonders möchten wir Rosemarie Klein für ihr wie immer hervorragendes Lektorat danken.

Inhaltsverzeichnis

Einleitung

> *Imagination is more important than knowledge.*
> *Knowledge is limited.*
> *Imagination encircles the world.*
> *Einstein (1929, S. 117)*

Alles, was wir von der Zukunft wissen, ist durch unsere Imagination geformt. Der Grund dafür ist einfach. Die Informationen, die wir über die Zukunft haben, wie auch die Kontrolle, die wir über die Zukunft ausüben, sind begrenzt (Rescher 1998, S. 3). Wenn wir etwas über die Zukunft wissen wollen, dann müssen wir Abwesendes anwesend machen, Nicht-Existentes existent werden lassen. Genau das leistet die Imagination. Die Imagination ermöglicht es uns, über einen gegebenen Zustand hinauszugreifen und uns Dinge vorzustellen, die (noch) abwesend oder inexistent sind.

Die Zukunft ist dabei real in dem Sinne, dass sie nicht *nicht* existiert, sondern *noch nicht* (Rescher 1998, S. 71). Was wir über zukünftige Dinge und Entwicklungen wissen, ist keineswegs immer falsch. In vielen Feldern können wir berechtigte Erwartungen hegen, dass die Zukunft zumindest in einer ähnlichen Weise eintritt, wie wir sie uns vorstellen. Aber die Geschichte lehrt eben auch, dass die Zukunft bei vielen Dingen die Möglichkeit eines mitunter begrenzten, mitunter drastischen »Anderswerdens« (Castoriadis 1990, S. 323)

© Springer Fachmedien Wiesbaden GmbH, ein Teil von Springer Nature 2020
C. Ernst und J. Schröter, *Zukünftige Medien*,
Medienwissenschaft: Einführungen kompakt,
https://doi.org/10.1007/978-3-658-30059-3_1

bereithält. Die Zukunft hält immer unvorhergesehene Ereignisse bereit. Sie verändert bestehende Verhältnisse und überrascht uns mit ›Neuem‹. Jedes Wissen um die Zukunft ist daher auch ein Wissen um diese Unsicherheit.

Im Lichte dieser Voraussetzungen nach ›zukünftigen Medien‹ zu fragen, könnte nach grundloser Spekulation klingen. Wer kann schon vorhersagen, was zukünftige Medien sein werden? Im Kontrast zu anderen Zukunftsthemen, über die wir etwas mit größerer Sicherheit wissen können – so etwa dem halbwegs sicheren Verlauf der Gestirne – sind Entwicklungen im Bereich von Medientechnologien durch ein weitaus höheres Maß an Unberechenbarkeit gekennzeichnet. Doch diese Unberechenbarkeit eröffnet auch eine Chance. Denn auch wenn man nicht viel Gesichertes darüber sagen kann, was die Gestalt zukünftiger Medien ist oder welche Medien die dominanten Medien der Zukunft sein werden, ist es trotzdem möglich, aufzuzeigen, *wie zukünftige Medien imaginiert werden.* Diese Imagination zukünftiger Medien bildet den Gegenstand der vorliegenden Einführung.

Von den titelgebenden ›zukünftigen Medien‹ zu sprechen, bedeutet für uns, von den *Imaginationsprozessen* zu sprechen, die – ausgehend von einer Gegenwart – in Bezug auf zukünftige Medien angestellt werden. Diese Gegenwart muss nicht die unsrige Gegenwart sein. Der historische Rückblick auf ›vergangene Zukünfte‹ liefert uns diesbezüglich wichtige Einsichten. Ebenso wie es hilfreich ist, zu fragen, wie man sich heute zukünftige Medien vorstellt, ist es im Falle von Imaginationsprozessen wichtig, zu fragen, wie man sich in der Vergangenheit zukünftige Medien vorgestellt hat.

Das Internet ist voll von amüsanten Beispielen für falsche Vorhersagen.[1] Das Telefon wurde als überflüssige Spielerei angesehen. Das Fernsehen galt als technologische Unmöglichkeit oder als zu langweilig für die Zuschauer. Vom Computer

---

[1]Aus diesem Grund hat Nicolas Pethes (2003) die Möglichkeit von »Vorhersage« grundsätzlich infrage gestellt. Vielmehr würden viele mögliche Prognosen gemacht, von denen sich manchmal im Rückblick zufällig eine als richtig herausstellen würde.

dachten einige, er könne nie weniger als anderthalb Tonnen wiegen. Mehr als 5.000 Computer würden sich sowieso nicht verkaufen. Überdies sei es absurd, solche Geräte zu Hause zu haben. Am Körper werde sie auch niemand tragen. Zum Internet hieß es, es werde in sich zusammenfallen und verschwinden. Und zum iPhone bemerkte die Konkurrenz, es sei nicht zu erwarten, dass dieses Gerät je am Markt Erfolg haben könne.[2]

Aus heutiger Sicht lässt sich über diese Beispiele schmunzeln. Allerdings ist auch zu berücksichtigen, dass sich diese Vorhersagen unter anderen Umständen durchaus auch als zutreffend hätten erweisen können. Auch vollkommen fehlgeleitete Vorhersagen geben uns wertvolle Einblicke in die Erwartungshaltungen ihrer Ära. Nicht zuletzt machen diese falschen Vorhersagen die Gegenspieler von Veränderungshoffnungen sichtbar: Die Beharrlichkeit und die Konstanz der Verhältnisse, die sich trotz gegenteiliger Prognosen nicht ändern oder nicht verschwinden, wird in Zukunftsdiskursen häufig unterschätzt.

Der Philosoph Nicholas Rescher erinnert deshalb daran, wie schwer es ist, die Zukunft – zumal *spezifische* Ereignisse (und nicht allgemeine Trends) – auf Grundlage *sozialer* Prozesse vorherzusagen (Rescher 1998, S. 63, 90; Rescher 2012, S. 151 f.). Nach Rescher existiert eine »epistemische Lücke« zwischen den Informationen, die in einer historischen Situation vorhanden sind, um eine Vorhersage zu treffen, und den realen Umständen, die dafür sorgen, dass eine Vorhersage korrekt oder inkorrekt ist (Rescher 1998, S. 58). Wir haben nur in seltenen Fällen genügend Informationen, um korrekte Vorhersagen zu treffen. Dass es zukünftige wissenschaftliche Entdeckungen geben wird, ist in der gegenwärtigen Gesellschaft ziemlich sicher. Welche das sein werden, ist dagegen kaum vorherzusagen (Rescher 1998, S. 149; Rescher 2009; Rescher 2012, S. 150). Deshalb ermahnt Rescher uns, im historischen Rückblick immer die Undurchschaubarkeit, mit der sich die Zukunft für die Akteure damals dargestellt hat, ernst zu nehmen.

---

[2]Alle diese Vorhersagen sind gesammelt unter freeCodeCamp (2017).

Aufgefüllt wird diese epistemische Lücke mit einem
›Amalgam‹ aus Hoffnungen,[3] Befürchtungen, Visionen und
Fantasien, die sich rund um neue Technologie formieren.[4] Dieses
Amalgam ist ungleich dichter als der kleine Ausschnitt einer
zutreffenden oder fehlgeleiteten Vorhersage. Im Folgenden
werden wir es als das ›Imaginäre‹ einer jeweiligen Ära
bezeichnen. In Gestalt spezifischer Zukunftsvorstellungen, die
in einer Kultur und einer Gesellschaft geläufig sind, sogenannter
›imaginaries‹, bildet das Imaginäre einen Verständnisrahmen,
der unsere Vorstellungen von Technologie prägt. Dieser Rahmen
ist dort wirksam, wo wir uns ein ›Bild‹ von einer zukünftigen
Medientechnologie machen.

Wenn dabei von ›Imagination‹, ›Imaginärem‹ und dem englischen Begriff der ›imaginaries‹ die Rede ist, dann muss
allerdings ein häufiges Missverständnis von vorneherein aus-
geräumt werden. Die drei Begriffe beziehen sich in der hier
veranschlagten Lesart nicht auf eine Welt des Scheins, der Ein-
bildung, Illusion und Täuschung, die durch ›wahres Wissen‹
zu ersetzen ist. Stattdessen geht es um die Annahme, dass
Imaginationsprozesse für menschliches Wissen konstitutiv und
produktiv sind. Im Einklang mit kultur- und sozialtheoretischen
Argumenten folgen wir der Idee, dass Imaginationsprozesse
auch in großen Kollektiven stattfinden. Imagination, Imaginäres
und imaginaries haben wesentlichen Anteil an der Manifestation
eines Verständnisrahmens dessen, was sich Kollektive zu einem

---

[3]Wir wählen hier bewusst eine Metapher, die auf Flüssigkeiten und
Legierungen verweist, und keine Formulierung wie Textur oder Geflecht.
Das hängt mit Cornelius Castoriadis' Konzept der radikalen Imagination und
seiner Metapher des»Magmas«zusammen, die in Abschn. 3.1 erläutert wird.

[4]Diese Erkenntnis ist sogar in medientheoretischen Ansätzen zu finden, die
sonst eher auf ›harte Fakten‹ der Wissenschafts- und Technikgeschichte
setzen:»Denn der Film ist nicht vom Himmel gefallen, sondern nur im
Zusammenhang mit den Phantasien und Politiken zu begreifen, auf die
seine Erfindung geantwortet hat. Aber auch das negative Faktum, daß das
Fernsehen, soweit ich sehe, vor seiner faktischen Entwicklung nicht einmal
ernsthaft erträumt wurde, bleibt ein Faktum, das der Analyse bedarf«(Kittler
2000, S. 11).

historischen Zeitpunkt vorzustellen bereit sind, ja überhaupt vorstellen *können*.

Damit wären wir wieder bei dem Zusammenhang von ungenügendem Wissen um die Zukunft und Imagination. Denn wenn die Imagination als Verständnisrahmen einspringt, um uns ein Verständnis der Zukunft zu geben, dann darf man nicht übersehen, dass sie in diesem Moment auch *unsere Handlungen beeinflusst*. Das Paradox liegt auf der Hand: In dem Moment, in dem man sicher etwas über eine Zukunft zu wissen glaubt, verhält man sich in einer Weise, die selbst wieder Auswirkungen auf die Zukunft hat. Im Hintergrund lauert hier das noch tiefergreifende Problem eines »Tradeoffs« zwischen der Sicherheit und der Originalität einer Vorhersage: Umso sicherer eine Vorhersage ist, desto weniger informativ ist sie (vgl. Rescher 1998, S. 60). Daraus leiten sich zwei Einsichten ab: Erstens sind Imaginationen der Zukunft für uns handlungsrelevant, sie wirken also auch auf die Entwicklung zukünftiger Medientechnologien ein. Der Supercomputer HAL 9000 aus dem Science-Fiction-Film *2001: A Space Odyssey* (GB/USA 1968, Stanley Kubrick), der ein Raumschiff kontrolliert und seine Mission überwacht, war ein fiktionaler Charakter. Doch die Art, wie er gestaltet und inszeniert war, wie er mit den Astronauten interagierte, der Umfang an Leistungen, die er ausführen konnte, die Probleme, die sich aus seinen Handlungen ergaben, faszinierte eine ganze Generation von Forschern im Feld künstlicher Intelligenz. HAL 9000 wurde zu einem Idealbild (Stork 1997; Ceruzzi 2011, S. 98 ff.). Zweitens sind Imaginationen auch dann ein handlungsrelevantes Zukunftswissen, wenn sie sich *nicht* adäquat auf den Zustand beziehen, der zu einem späteren Zeitpunkt eintritt. Imaginationen erfüllen ihre Erkenntnisfunktionen auch unabhängig davon, ob sie sich mit der antizipierten zukünftigen ›Realität‹ decken. Niemand hat bisher einen HAL 9000 gebaut. Doch das ist nicht das Entscheidende. Der Punkt ist vielmehr, dass uns HAL 9000 als ein durch Science-Fiction vermitteltes Objekt ein Bündel von Ideen konkretisiert hat. Als Ganzes bietet dieses Bündel ein zwar nicht eindeutiges, aber hinreichend dichtes Netz an Bedeutungselementen, die es erlauben, eine ›Idee‹ von künstlicher Intelligenz

zu entwickeln. Wir werden solche Verdichtungen als »Faszinationskerne« (Glaubitz et al. 2011) bezeichnen.

Im *ersten Teil* des Buches stellen wir am Beispiel der Diskussion um den Prozess des Medienwandels dar, wie aus Sicht
der Medienwissenschaft über die Frage zukünftiger Medien
nachgedacht werden kann. Diese Diskussion wird im *zweiten
Teil* des Buches vertieft, in dem wir einflussreiche Ideen aus
dem Feld der Medientheorie, der Wissenschaftsforschung bzw.
Science and Technology Studies, den (Critical) Futures Studies,
der Philosophie und der Sozialtheorie erörtern. Im *dritten Teil*
werden abschließend vier Beispiele analysiert, anhand derer sich
die beschriebenen Imaginationsprozesse zukünftiger Medien aus
medienwissenschaftlicher Sicht fassen lassen.

Üblicherweise verläuft die Grenze zwischen einer Einführung und einer Forschungsleistung dort, wo entweder ›nur‹
ein zusammenfassender Überblick über ein Gebiet gegeben wird,
oder aber ein Themenfeld neu erschlossen wird. Die vorliegende
Einführung fügt sich nicht in dieses Schema. Teilweise wird –
aus Sicht der Medienwissenschaft – Bekanntes zusammen-
getragen, teilweise aber auch tiefgreifender auf Autoren und
Zusammenhänge eingegangen, die im Fach randständig sind.
Die Absicht des Buches ist es, konzeptionell in das Thema
einzuführen und weiterführende Forschung zu ermöglichen.
So gesehen könnte man diese Einführung auch ›forschungs-
orientiert‹ nennen.

Andere Einführungen diskutieren ebenfalls den Zusammenhang von Zukunft und digitalen Medien, so – neben vielen
anderen Beispielen – Nick Montforts Einführung *The Future*
(Montfort 2017, insb. S. 77 ff.).[5] Allerdings setzt das vorliegende Buch einen anderen Schwerpunkt. Die Frage nach
›Zukunftswissen‹ binden wir insoweit ein, als sie uns dabei hilft,

---

[5]Das vorliegende Buch versteht sich als Versuch eines perspektivierenden
Überblicks. Tiefgreifende Analysen zum Zusammenhang von digitalen
Medien und Imagination liegen vor, können hier aber nur referenzialisiert
und nicht näher diskutiert werden, siehe etwa Winkler (1997) oder Harrell
(2013).

Imaginationsprozesse rund um digitale Medien zu erläutern. Uns geht es also um keinen eigenständigen Beitrag zur Zukunftsforschung, *sondern um die Rolle von Zukunftswissen für die Imagination digitaler Medien.* Das Erklärungsziel liegt aufseiten der Imagination neuer Medientechnologien, nicht aufseiten der Zukunft. Dass die Zukunft ein zentraler Gegenstand für Imaginationsprozesse ist, bleibt davon unberührt.

Medienwandel als kulturelles Phänomen

2

2.1 Zukünftige Medien – fünf Thesen

Von zukünftigen Medien zu sprechen, bedeutet, von einem *Wissen* zu sprechen, das zu einem bestimmten Zeitpunkt um die Entwicklung von Medien vorhanden ist. Komplementär ist zu fragen, welches Wissen um die Zukunft vorhanden ist (Weidner und Willer 2013). Wie aktuelle ›Mappings‹ als zentral erachteter Kernbegriffe des Wissens um die Zukunft aber zeigen, fällt Medientechnologien dabei eine Schlüsselrolle zu.[1] Aus dieser einfachen Beobachtung möchten wir fünf Thesen ableiten.

Medien machen Objekte wahrnehmbar, mit ihrer Hilfe werden Informationen verarbeitet, sie ermöglichen die Kommunikation, sie sind das Gedächtnis einer Kultur und einer Gesellschaft (Kittler 1993a, S. 8). Als solche unterliegen Medien aber auch einem konstanten Wandel. Ebenso wie Kultur und Gesellschaft dafür sorgen, dass sich die Medien wandeln, wirkt sich umgekehrt der Medienwandel auch auf Kultur und Gesellschaft

---

[1]In den von Heike Paul (2019) herausgegebenen *Critical Terms in Futures Studies* finden sich klassische kulturelle Begriffe des Zukunftswissens, also etwa »Forecast«, »Hope«, »Utopia« oder »Science Fiction«, die gewählten technologischen Begriffe stammen dagegen auffallend oft aus dem Feld der (digitalen) Medien, also etwa »Data«, »Digitization«, »Artificial Intelligence « oder »Virtuality«.

© Springer Fachmedien Wiesbaden GmbH, ein Teil von Springer Nature 2020
C. Ernst und J. Schröter, *Zukünftige Medien*,
Medienwissenschaft: Einführungen kompakt,
https://doi.org/10.1007/978-3-658-30059-3_2

aus. War das Fernsehen in den 1980er- und 1990er-Jahren noch
ein ›Leitmedium‹, so ist die Lage heute deutlich komplizierter.
Zwar ist das Fernsehen nicht verschwunden. Aber durch das
Erscheinen des World Wide Web (WWW) haben sich seine
technischen Grundlagen und die Nutzungspraktiken verändert.
Die Bedeutung des Fernsehens als Medium der Herstellung einer
politischen Öffentlichkeit oder als Unterhaltungsmedium ist
heute eine andere als in den 1980er- und 1990er-Jahren. Jegliche
Aussage im Fernsehen ist in eine Weböffentlichkeit gespiegelt,
in der ihr Wahrheitsgehalt hinterfragt und bekämpft wird – eine
Praxis, die das Fernsehen selbst längst wieder in seine politischen
Sendungen integriert hat.

Weil diese Wechselwirkung zwischen Medien, Kultur und
Gesellschaft besteht, ist es für die verschiedenen Akteure
wichtig, etwas über Medienwandel zu wissen. Dieses Wissen
um Medienwandel bezieht sich auf eine gegebene Situation, in
der sich die Medienlandschaft verändert; gegenwärtig benennt
man etwa die ›Digitalisierung‹ als den treibenden Faktor. Um
in der Gegenwart einen Referenzpunkt zur Einschätzung eines
Entwicklungsprozesses zu haben, muss man Annahmen darüber
treffen, wie sich der Medienwandel *möglicherweise* ausgestaltet
– also etwa zukünftige Wende- und Endpunkte der Entwicklung
annehmen.[2] In diesem Möglichkeitsdenken kondensieren sich
Erwartungen und Wünsche, Visionen und Ängste, Kalküle und
Berechnungen, die Teil des *kollektiven Imaginären* sind.

Vor diesem Hintergrund betrifft die erste These das Verhältnis
zwischen *zukünftigen Medien und Medienwandel.*

Weil es sich auf die Zukunft bezieht, die Zukunft aber per
Definition etwas Abwesendes ist, ist das Wissen um Medienwandel durch Imagination geprägt, also durch Vorstellungen, die
über zukünftige Medien vorhanden sind. In der Verbindung aus
Medienwandel und Zukunftsbezug treffen sich Imagination und
zukünftige Medien. Die Imaginationen zukünftiger Medien sind
ein Teil des Medienwandels:

---

[2]Klassisch ist der Gegensatz von »Integrierten« und »Apokalyptikern«, den
Umberto Eco (1984) analysiert hat.

1. These: *Zukünftige Medien existieren als durch die Imagination hervorgebrachte mögliche Objekte, die das praktische und theoretische Wissen um Medienwandlungsprozesse in einer Gegenwart prägen. Durch die Imagination zukünftiger Medien als mögliche Objekte gewinnt man ein ›Bild‹ des Medienwandels.*

Über Medienwandel zu sprechen, macht es notwendig, zu bestimmen, was man mit ›Medien‹ meint. Hier ist vieles möglich. Vom Licht über die Sprache bis zum Computer ist nicht nur in der Theorie schon so einiges zum Medium erklärt worden. In der Geschichte gibt es eine Tendenz, danach zu fragen, *was alles als Medium verwendbar ist.* Vom elektrischen Licht dachte man um 1900 etwa, es könne zur Kommunikation mit Außerirdischen auf dem Mars genutzt werden (Marvin 1986, S. 214).

Die zweite These betrifft das Verhältnis von *zukünftigen Medien und technischen Medien.*

Medienwandel wird vorwiegend als ein auf technische Medien bezogenes Phänomen verstanden. Diese Einschränkung auf technische Medien ist wichtig. Andere Medien wie die Sprache verändern sich langsamer. In die Klasse technischer Medien gehören solche Medien wie die Schrift, der Buchdruck, die Fotografie, die Telegrafie, der Film, das Radio, das Fernsehen, der Computer oder das Internet.[3] Ein gegenwärtiges technisches Leitmedium ist das Smartphone. Der Erfolg, den das Smartphone seit der Präsentation des iPhones 2007 durch Steve Jobs, den CEO der Firma Apple, hatte, ist beeindruckend. Die Frage, wohin sich das Smartphone entwickeln wird und welches Leitmedium nach ihm kommt, ist derzeit von hoher Relevanz.

---

[3]Im Lichte eines weiter gefassten Technik-Begriffs, der beispielsweise auch Praktiken der Rhetorik, des Zeichnens oder Zählens als ›Technik‹ begreift, sieht die Lage sehr schnell anders und vor allem noch komplexer aus (Winkler 2008, S. 91). Wir orientieren uns hier jedoch eng am umgangssprachlichen Verständnis von Medien und deuten tiefergreifende Fragen nur an.

Medien entwickeln sich im Verbund mit Wissenschaft und Technologie und unterliegen starken ökonomischen Einflüssen.

2. These: *Der Begriff ›zukünftige Medien‹ bezieht sich auf die Imagination technischer Medien. Die Imagination technischer Medien ist mit heterogenen Diskursen verknüpft, in denen wissenschaftliche Erfindungen, technologische Innovationen und ökonomische Interessen interagieren und auf konkrete Objekte hin fokussiert werden.*

Vor dem Hintergrund der wissenschaftlich und ökonomisch getriebenen Erwartung, dass Innovation ein Zukunftsversprechen in sich trägt, werden ›neue Medien‹ in der modernen Gesellschaft als ›zukünftige‹ Technologien betrachtet: »[I]n the popular imagination, technology is often synonymous with the future« (Sturken und Thomas 2004, S. 6).

Die dritte These betrifft das Verhältnis von *zukünftigen Medien und neuen Medien.* Es ist wichtig, zu sehen, dass neue Medien nur in einem spezifischen Sinne zukünftige Medien sind. Auch das unveränderte Fortbestehen gegebener Medien ist ein Fall zukünftiger Medien. Daran denkt man aber eher nicht, wenn von zukünftigen Medien die Rede ist. Diese enge Verbindung zwischen dem ›Neuen‹ und der ›Zukunft‹ hängt damit zusammen, dass der Begriff ›Zukunft‹ unter dem Einfluss des Begriffs der wissenschaftlichen und technologischen ›Innovation‹ in einer marktförmigen Wirtschaftsordnung steht. Der Akzent von ›zukünftig‹ liegt nicht auf Bewahrung, sondern auf Veränderung. In dem oft kritisierten Begriff der ›Neuen Medien‹ kommt dies zum Ausdruck (Marvin 1988; Kittler 1986).

3. These: *Zukünftige Medien sind nicht deckungsgleich mit ›Neuen Medien‹. Vielmehr ist die Rede von ›Neuen Medien‹ eine unter den gegebenen gesellschaftlichen Bedingungen hervorgebrachte Form des Sprechens, die ›Neue Medien‹ als ›zukünftige Medien‹ adressiert.*

Wenn zukünftige Medien als ›Neue Medien‹ betrachtet werden, dann werden sie häufig mit »Medienrevolutionen« (Grampp et al. 2008) verknüpft. Medienwandel erzeugt dynamische Lagen, in denen sich kulturelle Praktiken und gesellschaftliche Lebensformen verändern. User Interfaces sind beispielsweise Schlüsseltechnologien digitaler Medien, werden aber in einem Umfeld entwickelt, in dem sie sehr schnell überflüssig sein können (»rapid obsolescene«, Grudin 2012, S. xxviii). Doch die Rede von Medienrevolutionen kaschiert die immense Bedeutung kontinuierlicher Entwicklungen und Übergänge (Winston 1998, S. 1 ff.). Auch der Übergang von Kommandozeilen-Interfaces zu grafischen User Interfaces vollzog sich in Schritten. Er beschleunigte sich rasant erst, als Anfang der 1980er-Jahre ökonomische Interessen im Spiel waren, welche die Technologie in den breiten Massenmarkt brachten. Die Feststellung, dass tatsächlich ein Medienumbruch stattgefunden hat, erfolgt daher *ex post,* wenn ein Medium im Alltag angekommen ist (Glaubitz et al. 2011).

Die vierte These betrifft das Verhältnis von *zukünftigen Medien und Medienumbrüchen.* Wenn ein Medienwandel tiefgreifende soziale Effekte hat, dann bewirkt er einen »Medienumbruch« (Glaubitz et al. 2011). Der Übergang von Kommandozeilen-Interfaces zu grafischen User Interfaces war ein solcher Umbruch. Der »Computer als Medium« (Bolz et al. 1994; Andersen et al. 1993; Friedewald 1999) wurde durch solche Interfaces im Massenmarkt nutzbar. Ähnlich wäre der Erfolg des Smartphones ohne gestenbasiertes Interface nicht denkbar gewesen. Interface-Technologien sind ein Beispiel dafür, dass es in einem marktförmigen Umfeld sehr wertvoll sein kann, Expertenwissen über solche Prozesse (Kontinuitäten und Veränderungen) zu haben.

4. These: *Medienumbrüche sind durch die Spannung zwischen Kontinuität und Veränderung geprägte Medienwandlungsprozesse, in denen die Imagination zukünftiger Medien im Sinne eines Orientierungswissens zeigen soll, welche zukünftigen Szenarien möglich und wie tiefgreifend ihre wahrscheinlichen Folgen sind.*

Orientierungswissen um Medienwandel ergibt sich aus der Imagination zukünftiger Medien. Dieses Orientierungswissen mobilisiert mitunter sehr tief im kollektiven Gedächtnis einer Kultur eingelagerte Vorstellungen. Sie korrespondieren mit der Notwendigkeit, sich auszumalen, was durch den Umbruch an Entwicklungen möglich geworden ist, und zu sortieren, was davon realistisch und was nicht realistisch ist. Medienumbrüche fordern ein *Möglichkeitsdenken*. Nicht selten entsteht dabei der Fall, dass Medienumbrüche – wie technologische Umbrüche ganz generell – Dinge realistisch erwartbar werden lassen, die in der Zeit vor dem Umbruch zwar als Idee artikuliert waren, aber für unmöglich gehalten wurden. Die Imagination ist die Fähigkeit, sich individuell und kollektiv überhaupt etwas vorstellen zu können; das Imaginäre liefert in den historischen kulturellen und gesellschaftlichen Situationen ein Inventar an kulturspezifischen Formen für das, was man sich vorstellen kann.

Dies schlägt bis in die Medienwissenschaft durch. Medienwandel ist ein komplexes Phänomen, seine Erforschung ein historisches Unternehmen. Modelle des Medienwandels und Modelle der Mediengeschichtsschreibung sind aufeinander bezogen (Schröter und Schwering 2014). *Doch die Mediengeschichte ist als Geschichte des Medienwandels immer auch eine Geschichte der Medienimagination* (Natale 2014; Natale und Balbi 2014).

Die fünfte These bezieht sich auf dieses Verhältnis zwischen *zukünftigen Medien und Imagination*. Will man der Geschichte der Medienimagination auf die Spur kommen, ist zu schauen, wie Mediengeschichte geschrieben wird. Ein wichtiger Gegensatz besteht zwischen evolutionären und symmetrischen Modellen der Mediengeschichte.

Evolutionäre Modelle nehmen in »mehr oder weniger freie[r]« (Schröter und Schwering 2014, S. 180) Anlehnung an die Evolutionstheorie eine Ausdifferenzierung der Medien an, die sich in verschiedene Phasen (Stadien, Stufen, Brüche) unterscheiden lässt (Stöber 2004). In einer Geschichte der »kontinuierliche[n] Steigerung derselben Prinzipien« (Schüttpelz 2006, S. 104) wird häufig bei einer Situation der Kommunikation unter Anwesenden begonnen (Sprache), dann die Erweiterung dieser Kommunikation in Raum und Zeit (Buchdruck, Radio, Fernsehen etc.) beschrieben, um schließlich bei den »berechenbaren Kommunikationsmaschinen« (Computern) herauszukommen (Schüttpelz 2006, S. 104).[4]

An dieser Herangehensweise ist kritisiert worden, dass sie allzu zielgerichtet auf die gegenwärtige Medienlandschaft der digitalen Medien zuläuft. Symmetrische Ansätze gehen hierzu auf Distanz. Sie betonen, dass man gleichrangig (»symmetrisch«) auch die Momente der Mediengeschichte beachten muss, die nicht so erfolgreich waren (Schröter und Schwering 2014, S. 188) und/oder als ›zurückgebliebene Restmedien‹ (»Residual Media«) weiterexistieren (Aceland 2007) – die Vinylschallplatte zum Beispiel.[5] Wenn sich Medienwandel aber unter dem Einfluss von Imaginationen zukünftiger Medien abspielt, dann muss die Geschichte der Imagination zukünftiger Medien auch ein Teil der Mediengeschichte sein.

5. These: *Die Mediengeschichte lehrt, dass zukünftige Medien als imaginäre Objekte selbst eine Vermittlungsfunktion erfüllen: Zukünftige Medien werden als Erkenntnisobjekte generiert und dieser Prozess methodisch reflektiert, um heterogene Interessenlagen verschiedener Akteure zu bündeln.*

Am Ende der fünften These, in der die *Vermittlungsfunktion der Imagination* betont wird, sind wir wieder bei der ersten These. Denn auf der Ebene der Verbindung von Imagination und Medienwandel in konkreten Praktiken wirken zukünftige Medien ›performativ‹ auf den Medienwandel ein. Dies tun sie vor allem als sogenannte ›imaginaries‹ – historisch wandelbare und mitunter sehr spezifische Formationen des Imaginären, mit deren Hilfe man sich das oben genannte ›Bild‹ vom Medienwandel in einer möglichen Zukunft macht. An dieser Stelle setzt die vorliegende Einführung an.

---

[4]Schüttpelz verweist als Beispiel auf Kittler (1993b).

[5]Friedrich Kittler schreibt: »Neue Medien machen alte nicht obsolet, sie weisen ihnen andere Systemplätze zu« (Kittler 1993b, S. 178).

2.2   Medienwandel als Lösung für ein Problem

Von neuen Technologien ist gesagt worden, dass sie eine »special social meaning« (Sturken und Thomas 2004, S. 1) annehmen, wenn sie neu sind. Diese übliche ›Rhetorik des Neuen‹ erinnert daran, dass alle Technologie in eine dichte Schicht imaginativer Praktiken eingebunden ist. Imaginative Praktiken sind mit der Geschichte einer Technologie verwoben, werden jedoch nicht immer ausreichend wahrgenommen (Sturken und Thomas 2004, S. 1). Um etwas über Medienwandel erfahren zu können, muss man deshalb auch das betrachten, was in historischen Kontexten »Yesterdays Tomorrows« (Corn und Horrigan 1984) oder »Vergangene Zukunft« genannt worden ist (Koselleck 1989).

Im Sinne einer »historischen Zukunftsforschung« (Hölscher 2011) ist es nötig, rückblickend zu beobachten, welche Rolle die Imaginationen vergangener zukünftiger Medien im Kontext von Medienwandel gespielt haben.[6] Dabei gilt es auch, an die »toten Medien«[7] zu erinnern. Ein Beispiel sind ›tote‹ Speichermedien wie die Ton- oder die Videokassette (Schröter und Schwering 2014, S. 180). Ihr Verschwinden hatte handfeste Auswirkungen. Es führte zum Ende der Videothek als einem Ort der Verbreitung von Filmen (Haupts 2014; Haupts und Schröter 2011). Auch den Walkman – einst ein populärkulturelles Statussymbol – gibt es nicht mehr. Aber was heißt schon ›tot‹? Alte Medien existieren oft in Nischen weiter. Die Vermarktungs- und Gebrauchspraktiken ändern sich, die Medien selbst verschwinden aber nicht zwangsläufig (Balbi 2015, S. 240). Mit Simone Natale (2016) gesagt: »There are no old media.«

Verbreitet werden müssen Filme auch heute noch, mittlerweile existieren Streaming-Dienste. Mobiles Musikhören, wie es der Walkman ermöglichte, ist in Zeiten des Bluetooth-Kopfhörers präsenter

---

[6]Medienwandel ist ein klassisches Thema der Medienwissenschaft, siehe überblickend Kinnebrock et al. (2015); Schröter und Schwering (2014).

[7]Siehe Bruce Sterlings »Dead Media Project« (www.deadmedia.org) abgerufen am 20. Dezember 2019). Dazu auch Kluitenberg (2006a, S. 14 f.).

denn je. Und es ist allemal plausibel, anzunehmen, dass es ohne den riesigen Erfolg des iPods, also des digitalen Nachfolgers des Walkmans, das iPhone nie gegeben hätte. Zwar mögen differenzierte Endgeräte oder materielle Trägermedien ›gestorben‹ sein, die medialen Probleme, für die sie eine Lösung waren, sind es nicht.[8]

Jedoch ist es wichtig, an dieser Stelle den Fokus nicht zu sehr auf Technikgeschichte zu verengen. Wenn es um die Rolle von Imagination im Medienwandel geht, dann lehrt der Blick in die Geschichte vergangener Zukünfte, dass diese immer auch Vorstellungen über *soziale Ordnungen* waren: Die jeweils neue Medientechnologie wird, implizit oder explizit, in den Bedeutungsrahmen der eigenen Kultur und des eigenen Lebens in dieser Kultur projiziert (Winner 2004).[9] Die Geschichte neuer Medien ist dann, wenn neue Medien als zukünftige Medien imaginiert werden, eine Geschichte, die nicht linear die Geschichte des jeweiligen Mediums betrifft, sondern das eingangs erwähnte ›Amalgam‹ aus Hoffnungen, Befürchtungen, Visionen und Fantasien. In der Frage zukünftiger Medien geht es um mehr als um die Weiterentwicklung von Schaltkreisen und Grafikauflösungen.

Lösungen für Probleme können Medien dabei naheliegenderweise nur in solchen Bereichen sein, in denen sie einen Unterschied in Kultur und Gesellschaft machen. Für Friedrich Kittler zeichnen sich Medientechnologien dadurch aus, dass sie Übertragung, Speicherung und Verarbeitung von Information gewährleisten (Kittler 1993a, S. 8). In Anlehnung an Hartmut Winkler (2008, nachfolgend Seitenzahlen in Klammern) lassen sich dabei die folgenden Dimensionen identifizieren, in denen Medien wirksam sind.

---

[8]Die Frage nach »Lösungen«, die Technologien oder andere kulturelle Hervorbringungen für »Probleme« bringen, ist eine aus der Soziologie bekannte Frage. Sie wird dort im Kontext funktionalistischer Theorien diskutiert, sehr prominent etwa in der Systemtheorie Niklas Luhmanns (Nassehi 2019, S. 8 ff.).

[9]Deshalb ist die mitunter kritisierte Formulierung einer Medien*kultur*wissenschaft durchaus sinnvoll.

1. *Kommunikation und Infrastruktur:* Medien ermöglichen Kommunikation und gesellschaftliche Vernetzung (21 ff.) (z. B. die Sprache oder das Internet), weil ihre Infrastrukturen es der Kommunikation erlauben, Raum und Zeit zu überwinden (z. B. die Schrift) und folglich Menschen (und Maschinen) in Beziehung zu setzen (161 ff.).
2. *Zeichen und Informationsverarbeitung:* Medien erlauben die Speicherung und Verarbeitung von Zeichen (59 ff.) (mündliche Sprache wird in Schrift repräsentiert). Medien geben den in Zeichen codierten Inhalten eine bestimmte Form. Diese Form ermöglicht es, dass überhaupt etwas kommuniziert wird (Aufzeichnung von Musik auf einer Schallplatte). Im Falle menschlicher Kommunikation heißt das, dass etwas wahrnehmbar gemacht wird. Zweitens sorgt diese Form dafür, dass die Möglichkeit besteht, dass Zeichen (Daten) durch Maschinen automatisiert prozessiert werden können (Computer und der digitale Code, künstliche Intelligenz) (133 ff.).
3. *Praktiken und Handlungen:* Medien sind technische Artefakte (89 ff.), die so gestaltet sind, dass sie in ihrem Gebrauch ›transparent‹ oder implizit (bei Winkler: »unsichtbar«) bleiben, also mit dem Versprechen einhergehen, dass man mit ihnen etwas tun kann, ohne allzu viel Mühe auf den Gebrauch zu verwenden. Medien tendieren dazu, im ›Hintergrund‹ zu bleiben (Interfaces, Sensoren) (297 ff.).

Medienwandel hinterlässt dort seine Spuren, wo Probleme der Kommunikation, Probleme der Speicherung und Verarbeitung von Zeichen oder Probleme der Interaktion mit technischen Artefakten und der Umwelt gelöst werden müssen.

Legt man auf diese Weise fest, worin sich Medienwandel ausprägt, so ist damit nichts über die Gründe für und die Verlaufsformen von Medienwandel gesagt. Winkler gibt auch hierauf eine Antwort. Für ihn wird Medienwandel durch einen ›Mangel‹ in Gang gesetzt, den bestehende Medien aufweisen und der den ›Wunsch‹ nach einer Alternative befeuert (Winkler 1997). Aus Sicht dieser These waren die gegenständlichen Bilder, welche die Fotografie, der Film und das Fernsehen liefern, eine Reaktion auf die Sprachkrise des 19. Jahrhunderts. Sie antworteten auf den Eindruck, dass die Abstraktion einer durch die Printmedien geprägten Kultur die ›konkrete Wirklichkeit‹ nicht mehr abbilden kann (Winker 1997, S. 185 ff.). Anders dagegen die digitalen Medien: Sie verdanken sich dem Bedürfnis, hinter der Flut der aufgetürmten technischen Bilder wieder Strukturen aufzufinden (Schröter und Schwering 2014, S. 186). Damit wären wir bei der historischen Seite der Dinge. Exemplarisch möchten wir den Zeitraum Ende der 1980er- und Anfang der 1990er-Jahre betrachten.

2.3   Der Wunsch nach ›Neuen Medien‹ Anfang der 1990er-Jahre

Das Fernsehen war in dieser Zeit der Platzhirsch unter den Medien. Ein Wunsch dieser Ära bezog sich auf ein anderes Fernsehen und folglich eine andere »Realität der Massenmedien« (Luhmann 2004). Jahrzehntelang hatte man das Fernsehen eher kritisch gesehen. Zu Beginn der 1980er-Jahre galt es als das Medium, mit dem sich »Couch Potatoes« (Winkler 2006) »zu Tode amüsieren« (Postman 1985), das die Welt in eine Phantomrealität verwandelt (Anders 1992), das Zentralorgan der »Simulation« (Baudrillard 1994). Im Zuge des Zweiten Golfkriegs 1991 erlebten Debatten um den Verlust einer ›objektiven‹ Wirklichkeit eine neue Konjunktur. Sie waren symptomatisch für ein Medium im Umbruch. Im Windschatten des Fernsehens vollzog sich eine Transformation hin zu einer Digitalisierung der Medieninfrastrukturen, z. B. dem ISDN-Telefonnetz sowie zu neuen Formen der Nutzung von Computern als Medien. Auch der Begriff der ›neuen Medien‹ veränderte sich.

Neue Medien sind traditionell eine kritisch beäugte Größe, weil sie oft wie »historische Subjekte« (Gitelman 2006) behandelt werden.[10] In einem *zeitlichen* Sinne sind alle Medien irgendwann

---

[10]Deutlich erkennbar ist das in der Rede von ›dem Computer‹, siehe Turkle (2004), zu älteren ›neuen‹ Medien Gitelman und Pingree (2003), zu ihren imaginaries speziell Marvin (1988). Aus der Perspektive einer Theorie des Medienwandels siehe Ribeiro (2015).

neue Medien. Die Fotografie war im 19. Jahrhundert genauso
neu wie das Smartphone zu Beginn des 21. Jahrhunderts (Marvin
1988). ›Neu‹ sind Medien aber auch *qualitativ* im Sinne eines
neuen Typs von Medium, etwa so, wie es das Fernsehen in
Abgrenzung zum Film oder das Internet im Unterschied zu Fernsehen war (Hansen 2010, S. 172). Seit den 1970er-Jahren verstand man unter ›Neuen Medien‹ zunächst alle technischen
Medien, die sich seit dem 19. Jahrhundert entwickelt hatten, also
Fotografie, Grammofon, Telegrafie, Film, Radio, Fernsehen. Die
›alten‹ Medien waren das Buch und die Zeitung. Doch Ende der
1980er-Jahre änderte sich diese Lage. Nunmehr verstand man
unter ›Neuen Medien‹ vorwiegend das, was man heute als digitale
Medien bezeichnet. Die Digitalisierung der Infrastrukturen seit
den frühen 1980er-Jahren beruhte auf der berechtigten Annahme,
dass computerbasierte Medien absehbar sehr weitreichende
Möglichkeiten zur Weiterentwicklung der Medienlandschaft
bieten würden (Bruns und Reichert 2007).

Durch den Erfolg von Firmen wie Apple, Atari, Commodore
oder IBM waren typisch ›mediale‹ Nutzungen von Computern
in den 1980er-Jahren bereits gut bekannt. Spielekonsolen und
›Homecomputer‹ waren heiß begehrte Objekte in zahllosen
Kinderzimmern. Personal Computer (PC) wurden schrittweise
zu alltäglichen Medien in der Arbeitswelt. Filme warben mit
Special Effects auf Grundlage von ›Computer Generated Imagery‹
(CGI) um Zuschauer. Und Musik wurde auf modernen digitalen
›Compact Discs‹ verbreitet, bei denen noch Abkürzungen wie
AAD, ADD, DDD oder DAD über das Verhältnis von analogem
und digitalem Anteil der Produktion informierten.[11]

Die Nutzung des Computers erlaubte die Integration verschiedener Formen der Zeichenrepräsentation zu »Multimedia«,
also der Verbindung von Bildern, Diagrammen, Tönen, Filmen

---

[11]Dabei handelt es sich um den sogenannten SPARS-Code, der jeweils sagt, ob
die Aufnahme, die Abmischung oder das Mastering analog (A) oder digital (D)
durchgeführt wurde. Dass dies in den 1980er- und 1990er-Jahren noch explizit
angegeben wurde, seit den 2000er-Jahren aber nur noch in Einzelfällen, ist für
den Fortgang der Digitalisierung bezeichnend (Schröter 2004a, S. 16).

durch entsprechende Mediensoftware; Adobe Photoshop etwa
erschien 1990 (Manovich 2013). Konzeptionell entwickelt
hatte diese Idee der Nutzung von Computern u. a. Alan Kay
in den 1970er-Jahren. Computer, so die Annahme, würden in
Zukunft als ›universelle Metamedien‹ gebraucht. Das Leitbild des Computers als zukünftige »universal media machine«
war geboren – eine Maschine, die mittels Software alle anderen
Medien bearbeitbar machen konnte (Textverarbeitung, Bildver-
arbeitung, Musikproduktion etc.) (Manovich 2013, S. 55 ff.).

Um 1990 war diese neue Medienwirklichkeit im Begriff,
Alltag zu werden. Für den Medientheoretiker Lev Manovich
besteht dieser Medienwandel hin zu den ›Neuen Medien‹ als
computerbasierten Medien darin, dass in den 1980er- und
1990er-Jahren zwei lange Zeit separate technische Traditionen
zusammenfinden: Die Übertragungs-, Aufzeichnungs- und
Speicherfunktionen der etablierten technischen Medien wie
Fotografie, Film, Audiomedien und Fernsehen verknüpfen sich
mit der Kultur programmbasierter Rechenoperationen, die nach
dem Zweiten Weltkrieg in Form von Computern in die Welt
gekommen war (Manovich 2001, S. 18 ff.). Computer bilden nun
die Grundlage der Medienproduktion.

Manovich beschreibt dies primär als eine technische Veränderung des Verhältnisses von Zeichen und Informationsverarbeitung. Auf der Ebene des Zeichenverkehrs entsteht eine bis
heute wichtige Spannung zwischen dem »computer layer« der
Informationsverarbeitung von Daten aller möglichen Medien
und dem »cultural layer« der praktischen Verfügbarmachung
dieser Daten in Form von Zeichen (Manovich 2001, S. 46;
Hansen 2010, S. 179). Mit der Digitalisierung lockert sich diese
Verbindung. Daten im »computer layer« werden so prozessiert,
dass sie auf unterschiedliche Art und Weise auf dem »cultural
layer« ausgespielt werden. Diese ›Digitalisierung‹ betrifft
die technische Art der Aufzeichnung und Verarbeitung von
Zeichen und Informationen. In Fotografie und Film kann die
technisch aufgezeichnete Realität (Lichtspuren, Tonspuren) jetzt
›komputiert‹ werden. Bilder werden, wie der Medienphilosoph
Vilém Flusser geschrieben hatte, zu »Techno-Bildern« (Hansen

2010, S. 177 ff.; Flusser 1998, S. 171 ff.), mit denen eigene Formen der Wissensproduktion und der künstlerischen Praxis einhergehen.

Die Unterscheidung ›analog/digital‹, die auch dem Begriff ›Digitalisierung‹ zugrunde liegt, avanciert infolgedessen zu einer oft missverständlich gebrauchten Leitunterscheidung (Schröter und Böhnke 2004). Digitalisiert werden vorwiegend ältere Medien wie die Fotografie oder der Film. Dies führt dazu, dass sich die ästhetische Formensprache des Films in der »language of new media« fortsetzt und als ein »cultural interface« zwischen alten und neuen Medien dient (Manovich 2001, S. 69 ff.). Eine Spannung zwischen den neuen Möglichkeiten bei der Bearbeitung von Daten und den ›immersiven‹ Qualitäten entsteht, welche die alten Medien wie das Buch oder der Film zur Verfügung gestellt haben, also einer ›fixierten‹ Welt, die durch Autorschaft etc. autorisiert ist (Manovich 2001, S. 88).

Nach Manovich erbringen derartige »cultural interfaces« eine Vermittlungsleistung auf der Ebene der Vorstellung, wie die neuen digitalen Medien konzipiert und gebraucht werden können. Im Falle der ›Neuen Medien‹ der 1990er-Jahre stellt Manovich einen starken Einfluss des Films fest. Was man im Kontext ›Neuer Medien‹ mit Mediendaten praktisch tut und wie man neue Formen hervorbringt, orientiert sich an Ästhetiken des Films (Montage, Überblendung, Zoom etc.). Was die Nutzung von Computern als Kommunikationsmedien für die breite Masse anging, war die Lage eine andere (Winkler 2004b). Nach wie vor existierte eine enorme Diskrepanz zwischen Wunsch und Wirklichkeit. Seit den 1960er-Jahren existierte die Idee, ›Massenkommunikation‹ über vernetzte Computer abzuwickeln (Licklider und Taylor 1968; Schröter 2004b, S. 29 f., 51 ff.). William Gibson hatte Mitte der 1980er-Jahre in seiner *Neuromancer*-Trilogie (1986–1988) von einem »Cyberspace« gesprochen.[12] Imaginiert wurde ein frei zugänglicher

---

[12]Der Cyberspace ist oft problematisiert worden, so etwa als »Mythos« bei Mosco (2004) oder als »Metapher« bei Wyatt (2000).

virtueller Interaktionsraum, der als eine radikale Alternative zu allen ›alten‹ Medien erschien, weil er ein mit dem Nervensystem der Menschen verkoppeltes Interface vorsah (Gibson 1998; Flichy 2014, S. 700 ff.). Diese Idee hatte um das Jahr 1990 erhebliche Suggestivkraft (Waffender 1991). Doch was würde die infrastrukturelle Grundlage dieses neuen Kommunikationsmediums sein?

Allgemein bekannt war, dass dem digitalisierten Telefonnetz eine Schlüsselbedeutung zufallen würde, weil es die Vernetzung von Computern erheblich erleichterte. Die Idee eines netzwerkförmigen Kommunikationsmediums lag sprichwörtlich in der Luft. Das Internet wurde in akademischen und militärischen Spezialkontexten bereits genutzt, die E-Mail war lange schon erfunden (Warnke 2011, S. 38 ff.). Doch es gab auch andere Lösungen. Die Deutsche Post (später: Telekom) hatte mit dem »Bildschirmtext« (BTX) 1982 ein digitales Kommunikationsmedium auf den Markt gebracht. Als Onlinedienst bot es verschiedene digitale Angebote. Im Unterschied zum Internet wurde das Angebot auf einem zentralen Server gehostet. Der Fernseher diente als Endgerät. In Frankreich existierte das ähnlich konzipierte »Minitel«-System. Minitel sah im Unterschied zu BTX keine Nutzung des Fernsehens vor, sondern benötigte eigene Endgeräte (Balbi und Magaudda 2018, S. 84 f.).

Um 1989 war also klar, *dass* in der sogenannten »Nahzukunft« (innerhalb von 5 Jahren) ein neues Massenmedium auf Basis vernetzter Computer entstehen würde.[13] Unklar war jedoch, *wie* die Lösungen aussehen würden. Dies betraf auch die Frage, welche Rolle das Fernsehen in diesem Zusammenhang spielen und wie dies infrastrukturell gelöst werden würde. Wie würde sich zum Beispiel das Zusammenspiel zwischen einem in den 1980er-Jahren zunehmend digitalisierten Telefonnetz (ISDN) und dem Fernsehen ausgestalten?

---

[13]»Nahzukunft« ist ein fester Begriff in Science-Fiction und Technologieentwicklung, siehe etwa Mehnert (2019) und Stableford (2019). Vgl. zur Performanz von Unterscheidungen wie nahe vs. ferne Zukunft Michael (2000, S. 24 f.).

2.4   *Piazza virtuale* – Interaktives Fernsehen als neues Medium

Die Imagination des neuen Mediums erfolgt um das Jahr 1990 unter der Voraussetzung eines für Medienwandel typischen Musters. Die Medientheoretiker Jay D. Bolter und Richard Grusin haben dieses typische Muster als »Remediation« bezeichnet. Für Bolter und Grusin besteht Remediation aus zwei gegensätzlichen Tendenzen: Hypermedialität (»hypermediacy«) und Unmittelbarkeit (»immediacy«). Als Beispiel lässt sich die Gestaltung einer Sendung von CNN während des Zweiten Golfkriegs 1991 nennen. Der Nachrichtensender CNN berichtete live von den Hoteldächern Bagdads über die Luftangriffe der von den USA geführten Koalitionstruppen. Der Fernsehschirm war durch Textlaufbänder, Grafiken sowie Splitscreen aufgegliedert und somit vielfach mediatisiert (»hypermediacy«). Gleichzeitig erhob CNN den Unmittelbarkeitsanspruch, live im Geschehen in Bagdad dabei zu sein, inklusive – wie Bolter und Grusin bemerken – dem Senden von Rohbildern ohne Ton, also einem reinen, unkommentierten ›Monitoring‹ des Geschehens (»immediacy«). Das Ziel von CNN sei gewesen, ein » ›television only better‹ « (Bolter und Grusin 2000, S. 9 f.) zu schaffen.[14]

Wenn es darum geht, die Möglichkeiten neuer Medientechnologien vorstellbar zu machen, spielt die Medienkunst eine große Rolle (Daniels 2002, S. 177 ff.; Druckrey 2006). CNN ist eine etablierte, am Markt orientierte Firma. Medienkunst dagegen bietet öffentliche Demonstrationen von Möglichkeiten, die sehr innovativ sein können, aber nicht zwingend marktkonform sein müssen. Ein Beispiel dafür ist das heute weitestgehend in

---

[14]Kulturgeschichtlich lassen sich die Prozesse der Remediation weit zurückverfolgen. Während des Medienumbruchs der 1980er- und frühen 1990er-Jahre, also den Jahren bis an die Schwelle der Erfindung des WWW, sind sie dank Schlagworten wie Multimedia aber sehr gut zu beobachten (Bolter und Grusin 2000, S. 21). Die Suche nach einem neuen, noch ›unmittelbareren‹, Kommunikationsmedium wird auch diskutiert in der »Archaeology of Imaginary Media« bei Kluitenberg (2006a, b).

Vergessenheit geratene Fernsehprojekt *Piazza virtuale* (1992) der Medienkünstlergruppe Van Gogh TV.[15] *Piazza virtuale* gehört in eine Reihe von Konzepten, mit denen in den 1980er- und 1990er-Jahren ein »Cyber-TV« (Todtenhaupt 2000, S. 77 ff.) entworfen wurde. *Piazza virtuale* war das größte Experiment in diesem Bereich. In Kooperation mit dem ZDF wurde 1992 für 100 Tage ein interaktives Fernsehen aus einem Container auf dem Gelände der Documenta IX-Kunstausstellung in Kassel ausgestrahlt. Zuschauer konnten sich über das Telefonnetz in eine laufende Sendung einwählen. Zudem gab es Verbindungen zu über die ganze Welt verteilten Standorten (Riga, Nagoya, Prag und viele mehr), den sogenannten »Piazettas«. An die Stelle traditioneller Fernsehsendungen traten »Sendeblöcke«, die an Applikationen erinnern. So gab es ein »Coffeehouse«, in dem sich die Zuschauer in einer Form von Konferenzschaltung live auf Sendung unterhalten konnten, und einen Marktplatz, auf dem Dinge verkauft werden konnten. Die Möglichkeit, im »Virtuellen Atelier« elektronische Musik zu machen, war ein weiterer Multimedia-Gimmick. Auch das Nutzungsdesign verdankte sich der Welt der digitalen Medien: Der Fernsehschirm wurde zum Interface, auf dem die verschiedenen Einwahlmöglichkeiten zusammenliefen, hier im Falle des »Marketplace« (vgl. Abb. 2.1).

Piazza virtuale nutzte die digitalen Infrastrukturen ihrer Zeit äußerst konsequent aus, allerdings musste die Infrastruktur in einer Art permanentem Improvisieren nicht am Laufen gehalten, sondern überhaupt erst hergestellt werden.[16] In dem Diagramm (Abb. 2.2) wird der Aufbau des Systems wiedergegeben (wenn auch nicht ganz vollständig). Die Zugangsweisen waren entweder bekannt (Telefon, Fax) oder teils eher neu (Touchtone), teils sehr avanciert (Modem, Bildtelefonie).

---

[15]Die Kerngruppe waren Karel Dudesek, Benjamin Heidersberger, Mike Hentz und Salvatore Vanasco.

[16]Siehe zu einer Ethnografie strukturell vergleichbarer Prozesse in einem Ingenieurlabor Bachmann (2019).

Abb. 2.1 *Piazza virtuale* »Marketplace«. (Quelle: Eigener Screenshot aus Van Gogh TV, Piazza Virtuale, ›The Documentation‹ (1992) (Material des DFG-Projektes »Van Gogh TV. Erschließung, Multimedia-Dokumentation und Analyse ihres Nachlasses«, Prof. Dr. Jens Schröter/Prof. Anja Stöffler, Tape 461, Kiste 37, Datum 01.03.93))

Allen Beteiligten war dabei klar, dass man im Begriff war, einen Medienumbruch in Echtzeit zu erleben. In einem Artikel des *Wired*-Magazins im März 1993 – nur zwei Monate nach der Gründung dieser einflussreichen Zeitschrift[17] – heißt es über *Piazza virtuale* sogar: »The idea for Piazza came together in 1988, and grew from the assumption that the human-machine-human relationship was the central relationship in Western culture – and that it was changing« (Marshall 1993). Nichts weniger als die »human-machine-human«-Beziehung in der westlichen Kultur steht also auf dem Spiel. Bemerkenswert ist

---

[17]Eine kritische Einordnung von *Wired* findet sich in Barbrook 2007, S. 262. Das Magazin wird dort als Zentralorgan des kalifornischen »McLuhanisms« bzw. der »Californian Ideology« (Barbrook und Cameron 1995) betrachtet.

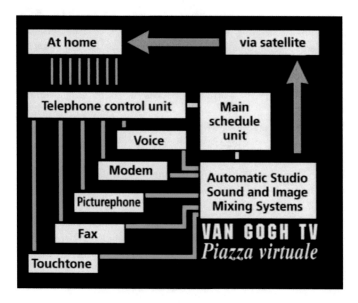

Abb. 2.2 Darstellung der Zugangsmöglichkeiten zur *Piazza virtuale* (Quelle: Eigener Screenshot aus Van Gogh TV, Piazza Virtuale, ›The Documentation‹ (1992) (Material des DFG-Projektes »Van Gogh TV. Erschließung, Multimedia-Dokumentation und Analyse ihres Nachlasses«, Prof. Dr. Jens Schröter/Prof. Anja Stöffler, Tape 461, Kiste 37, Datum 01.03.93))

das Zitat aber vor allem, weil nicht von ›Human-Computer-Interaction‹ (HCI) als einer begrenzten Interaktion des Individuums mit *einem* Computer gesprochen wird. Die Rede ist stattdessen von einer »human-machine-human«-Beziehung. ›Interaktivität‹ im Sinne einer Interaktion mit einem computerbasierten technischen Medium wird zur Grundlage eines klassisch *sozialen* Begriffs von ›Interaktion‹ (Jensen 1999, S. 32 ff.).

Das ideale Medium ist demzufolge eines, das (technische) Interaktivität *als* (soziale) Interaktion fassbar macht. Genau für dieses Problem sollte *Piazza virtuale* eine Lösung sein, darauf bezog sich die Leitmetapher der ›virtuellen Piazza‹. Verschränkt wird diese alte abendländische Idee mit einem Schlagwort dieser

Ära: ›Virtuelle Realität‹. Dieser vernetzte, computergenerierte Kommunikationsraum wird als Korrektur eines Mangels des Fernsehens veranschlagt: Die »one-to-many«-Kommunikation des Fernsehens soll in eine globale »many-to-many«-Kommunikation transformiert werden, Fernsehen aus einem ›unidirektionalen‹ in ein ›partizipatorisches‹ Medium umgewandelt werden.

In den Zeilen des *Wired*-Artikels artikuliert sich daher die Vorstellung einer möglichen alternativen Massenkommunikation. Das Fernsehen war als das Leitmedium der Zeit kein im kollektiv-sozialen Sinne ›interaktives‹ Medium. Die Computer waren nicht vernetzt, zumindest nicht in der Allgemeinheit. *Piazza virtuale* antwortete auf den Wunsch nach einem neuen computerbasierten Massenmedium. Das Projekt erwies aber auch, dass die Balance zwischen Hypermedialität und Unmittelbarkeit, wie sie die ›Remediation‹ des alten Mediums Fernsehen in einem ›neuen‹ interaktiven Fernsehen erforderte, nur schwer zu erreichen war.

1. *Kommunikation und Infrastruktur:* Das Grunddilemma, dass das Fernsehen kein vernetztes ›many-to-many‹-Medium ist, blieb bestehen. Massenkommunikation in einer Fernsehsendung zu bündeln, sodass sich Menschen auf einem Sender live und in aller Öffentlichkeit unterhalten, war nur durch eine Beschränkung der freien Telefonleitungen möglich. Live können sich nicht gleichzeitig 100.000 zugeschaltete Zuschauer in einer Fernsehsendung unterhalten, sondern nur max. fünf oder sechs. *Piazza virtuale* kollabierte unter dem Ansturm der Anrufer. Das angestrebte Partizipationsmedium bot keine Massenkommunikation, sondern eine Form von live ausgestrahlter Videokonferenz mit einer extrem begrenzten Zahl an Zuschauern. Zudem war der infrastrukturelle Aufwand im Backend sehr groß: Ein Diagramm der Zeit illustriert dies wie in Abb. 2.3 dargestellt.
Ein MS-DOS-Computer organisierte die einkommende Kommunikation, um sie dann an spezialisierte Systeme wie Apple Macintosh, Commodore Amiga, NEXT-Computer und

Abb. 2.3 Studioaufbau der *Piazza virtuale* (Quelle: Werbematerial von Van Gogh-TV (1992). (Material des DFG-Projektes »Van Gogh TV. Erschließung, Multimedia-Dokumentation und Analyse ihres Nachlasses«, Prof. Dr. Jens Schröter/Prof. Anja Stöffler, Ordner 6, Blatt 307))

Atari ST weiterzugeben. Heute werden derartige Aufgaben durch Software auf einer Plattform gelöst. ›Multimedia‹, wie *Piazza virtuale* sie bot, war noch relativ schwierig zu realisieren und fehleranfällig.

2. *Zeichen und Informationsverarbeitung:* Die Art der Partizipation durch die Zuschauer war unterschiedlich erfolgreich, das Interesse an den Multimedia-Gimmicks durchaus vorhanden, aber technisch kein Selbstläufer: Die Roboterkamera funktionierte, jedoch nicht ohne ›Bugs‹; die kollaborativ entstandene Musik blieb äußerst simpel. Multimedia-Applikationen zum Laufen zu bringen, also die verschiedenen Zeichenströme (Stimme, Bilder, Schrift) zu synchronisieren, war eine Herausforderung, die Nutzung der Tasten auf dem Telefon, um Signale und Töne zu versenden und Steuerbefehle zu geben, ungewohnt und limitiert.

3. *Praktiken und Handlungen:* Das Projekt ist dafür belächelt
   worden, dass die Menschen, die es auf die ›Piazza‹ geschafft
   hatten, sich nicht unterhielten, sondern nur ›Hallo, Hallo?!‹
   über den Äther schickten. Diese Kritik ist falsch. Das
   Verhalten war die normale Konfusion, wenn man keine
   praktische Routine im Umgang mit einem neuen Medium
   hat. Die Möglichkeit, sich live auf Sendung mit anderen
   Menschen zu unterhalten, ohne dass die Kommunikation
   durch einen Moderator strukturiert wird, war ungewohnt.
   Das ›Hallo, Hallo?!‹ verdankt sich der gleichen Verwirrung,
   die auch für den ›Erstkontakt‹ mit dem Medium Telefon oder
   Film zu beobachten ist (Kittler 1986, S. 37).

Letzten Endes taugte das Konzept von *Piazza virtuale* nicht als
Blaupause für die Durchsetzung eines neuen Mediums.[18] Eine
Ära des interaktiven Fernsehens als ›Neues Medium‹ blieb eine
Zukunft, die nie Gegenwart wurde. Der Wunsch nach einem
›Neuen Medium‹ koppelte sich sehr bald an das World Wide
Web (WWW), das etwa zeitgleich mit *Piazza virtuale* vom
CERN in Genf freigegeben wurde. Aus Sicht einer Geschichte
der Imagination zukünftiger Medien wäre es aber falsch, nur auf
die Erfolgsgeschichte des WWW einzugehen. *Piazza virtuale*
ist ein Ausdruck der Tatsache, dass in einer Medienumbruch-
situation verschiedene Lösungen – und folglich verschiedene
Imaginationen – möglicher medientechnologischer ›Zukünfte‹
parallel existieren. Die Grundlagen zu erarbeiten, um diese
Imaginationen neuer Medien als zukünftige Medien präziser
fassen zu können, ist das Ziel der folgenden zwei Kapitel.

---

[18]Typische Gründe für das Scheitern von technologischen Innovationen
finden sich bei Geels und Smit (2000).

Imagination und zukünftige Medien

3

3.1 Imagination und die Formen des Imaginären

Schlägt man das Wort ›Imagination‹ im Duden nach, ist die Erklärung zu finden, Imagination sei ein bildungssprachlicher Begriff für die Phänomene »Fantasie«, »Einbildungskraft« und »bildhaftes Denken«. Ähnliches findet sich in der Online-Enzyklopädie Wikipedia. Dort ist zu erfahren, die Imagination komme in »mentalen Bilder[n]« zur Geltung, die einem »Wissen um das Vergegenwärtigen von aktuell in der Außenwelt nicht Vorhandenem« verpflichtet seien. Im Unterschied zur Fantasie (Traum) sei es möglich, diese Bilder, die emotionale Qualität haben und über das, was aktuell in der Realität Gegebenes ist, hinausgehen, bewusst hervorzubringen und zu verändern (Wikipedia 2019a).

Die Imagination ist also die Fähigkeit, auf verschiedenen kognitiven Ebenen, das heißt von der sinnlichen Wahrnehmung bis hin zum abstrakten Denken, über Vorstellungen im Sinne mentaler Gehalte zu verfügen, die das Gegebene überschreiten. Diese kognitive Sicht auf die Imagination wird in Fächern wie der Psychologie, der Pädagogik und in Teilen der Philosophie erforscht (Gendler 2019). Jeder Mensch weiß um solche Vorstellungen, die Situationen oder Objekte zum Gegenstand haben, die sich von dem abgrenzen, was als eine ›reale Gegenwart‹

© Springer Fachmedien Wiesbaden GmbH, ein Teil von Springer Nature 2020
C. Ernst und J. Schröter, *Zukünftige Medien,*
Medienwissenschaft: Einführungen kompakt,
https://doi.org/10.1007/978-3-658-30059-3_3

betrachtet wird. Ob sich das auf vergangene oder zukünftige Situationen, das Selbstbild oder rationale Momente des Durchspielens eines Problems bezieht – es gibt ein Alltagswissen davon, was man als ›real‹ empfindet und was man sich ›vorstellt‹.

Im Englischen spricht man neben Imagination aber auch noch von »imaginaries«. Zu verstehen ist unter einem »imaginary« laut der englischen Wikipedia ein »set of values, institutions, laws, and symbols common to a particular social group and the corresponding society through which people imagine their social whole« (Wikipedia 2019b). Dieses Verständnis beruht auf einer *sozialen* Sicht auf die Imagination. Imaginaries sind kollektive Vorstellungen, die auf Normen beruhen, die ein Gefühl der Zugehörigkeit zu einem ›Ganzen‹ (einer Gesellschaft, einem Staat) bewirken und die in der Soziologie, der Anthropologie, in Teilen der Philosophie und der Medienwissenschaft debattiert werden. Dieses sehr akademische, sozialtheoretische Verständnis von Imagination ist schon deutlich schwieriger nachzuvollziehen.[1]

In der politischen Philosophie spielt dieser Begriff eine sehr große Rolle (Taylor 2002, 2004a, b; Steger 2008; Trautmann 2017). Wie insbesondere der Politikwissenschaftler Benedict Anderson ausgeführt hat, ist die ›Nation‹ eine »vorgestellte politische Gemeinschaft – vorgestellt als begrenzt und souverän« (Anderson 1996, S. 15). Andersons Ausgangsbeobachtung lautet: Niemand kennt alle Deutschen; niemand ist je mit allen Mitgliedern dieser Gemeinschaft gleichzeitig zusammen. In der Gesellschaft werden deshalb imaginaries hervorgebracht, die es erlauben, sich die ›Nation‹ als einen historischen Zusammenhang vorzustellen. Diese imaginaries werden, neben vielem anderen mehr, durch Medien wie Landkarten materiell realisiert, die den ›Umriss der Nation‹ wiedergeben (Kluitenberg 2006a, S. 10 f.).

Imagination und imaginaries teilen das Merkmal, dass es um bedeutungstragende Konzepte geht, die über eine aktuell

---

[1]Wir behalten im Folgenden den englischen Begriff von ›imaginary‹ bzw. ›imaginaries‹ bei. Uns scheint, dass eine Übersetzung eher in die Irre führt als die englische Originalformulierung.

gegebene Lage hinausreichen, die eine Überschreitung und einen Überschuss bilden. Der Unterschied liegt in dem Bezugspunkt, den sie für den jeweiligen Imaginationsprozess angeben: In der kognitiven Bestimmung (Imagination) geht es um die individuelle Kognition (inklusive des Bewusstseins) eines menschlichen Subjekts; in der sozialen Bestimmung (imaginaries) geht es um Imaginationsprozesse, die sich auf der Ebene von kollektiven »Ordnungen« (Waldenfels 1987) abspielen.

Warum man überhaupt auf den Gedanken verfallen konnte, dass es neben der Imagination auch kollektive imaginaries gibt, erklärt sich durch einen Blick in die Ideengeschichte der Imagination. Mit dem *Imaginären* findet sich dort auch der Begriff, aus dem das jüngere Konzept der imaginaries abgeleitet werden konnte.[2] In der Antike und im Mittelalter sah man die Imagination zunächst als niederes Sinnesvermögen an und machte sie für die Täuschbarkeit der Wahrnehmung verantwortlich, also für Trugbilder und Illusionen (Malinowski 2003, S. 66 ff.; Schulte-Sasse 2010, S. 93 ff.). Nach der Aufklärung kehrt sich diese negative Bewertung um. Die Imagination wurde als eine produktive Leistung des Subjekts verstanden; der Begriff der ›Einbildungskraft‹ entsteht. Die Imagination gilt jetzt als die Fähigkeit, Zusammenhänge zwischen heterogenen Sinneseindrücken zu ›synthetisieren‹ und Menschen die Möglichkeit zu geben, die Realität hinsichtlich »temporaler Sinnentwürfe« zu überschreiten, sich also zum Beispiel zukünftige Handlungsmöglichkeiten vorzustellen (Schulte-Sasse 2010, S. 98 ff., hier S. 101; Malinowski 2003, S. 57 ff., 75 ff.). Im 20. Jahrhundert verlagert sich diese Einschätzung erneut. Die Imagination wird zwar nach wie vor als ›produktiv‹ angesehen, aber zunehmend

---

[2]Bei Spengler (2019) wird der Begriff Imagination in Richtung des Zukunftsdenkens perspektiviert. Erörterungen der verschiedenen Facetten der Begriffe der ›Imagination‹ und des ›Imaginären‹ in den verschiedenen kultur- und sozialwissenschaftlichen Theorien finden sich bei Strauss (2006) sowie McNeil et al. (2017).

nicht mehr ausschließlich am Subjekt festgemacht.[3] Einher geht
damit die Idee, die Imagination als ein soziales ›Imaginäres‹ zu
beschreiben, das als Bedeutungsstruktur durch die individuellen
Subjekte hindurchwirkt. Dieses Imaginäre hat auf der
Ebene übergeordneter Prozesse der Herausbildung bzw. der
Konstitution sozialer Realität große Relevanz (Schulte-Sasse
2010, S. 119 ff.).

Grundlegend hat dies der Philosoph Cornelius Castoriadis aus-
formuliert. In seinem 1975 erschienenen Buch *Die Gesellschaft
als imaginäre Institution* (Castoriadis 1990) versteht Castoriadis
die Gesellschaft im Ganzen als eine Institution, die erst durch
Imagination und Imaginäres hervorgebracht wird (Lüdemann
2004, S. 47 ff.). Seine Begriffe dafür sind »radikale Imagination«
und »radikales Imaginäres«. Für Castoriadis ist die Imagination
in allem menschlichen Tun und Sagen enthalten. Sein Argument
ist, dass es ohne Imagination gar keine bedeutungstragenden
Zeichen gäbe, mit denen wir uns in der Welt orientieren könnten.

Das Grundmerkmal aller Zeichen ist die *Repräsentation.* Ein
Zeichen steht für etwas anderes, z. B. die Lautfolge ›Baum‹ für
das Objekt ›Baum‹, das wiederum ein Vorstellungsbild ›Baum‹
evoziert. Die Zeichen – Castoriadis nennt sie das »Symbolische« –
ermöglichen es uns auf diese Weise, »in einem Ding ein anderes
– oder: ein Ding anders als es ist – zu sehen« (Castoriadis 1990,
S. 218). Jede Repräsentation beruht daher auf der imaginativen
Fähigkeit, überhaupt ›etwas als etwas anderes‹ zu sehen.[4] Der
Begriff »radikale Imagination« erfasst also den allen Zeichen
(Symbolischem) vorausgehenden Prozess, »sich etwas durch
etwas anderes zu bilden/zu gestalten« (Castoriadis 1990,
S. 423): Die Imagination ist eine den Zeichen vorgängige – und

---

[3]Historisch sehr wichtige Positionen wie die phänomenologische Analyse
der Imagination Jean-Paul Sartres (1995) und insbesondere die psycho-
analytische Konzeption des Imaginären bei Jacques Lacan (1991) können
wir hier nicht näher behandeln. Gleiches gilt für wichtige Beiträge der
älteren Forschung, etwa Kamper (1986). Siehe historisch unter Einbindung
der (literatur-)ästhetischen Debatte Malinowski (2003, S. 79 ff.).

[4]Zum Verhältnis von Castoriadis zur Zeichentheorie in der Tradition von
Charles S. Peirce siehe den tiefergreifenden Beitrag von Andacht (2000).

insofern ›radikale‹ – »ursprüngliche[] Besetzung« (Castoriadis 1990, S. 220). Sie ist die »[…] ursprüngliche Fähigkeit […], sich mit Hilfe der Vorstellung ein Ding oder eine Beziehung zu vergegenwärtigen, die nicht gegenwärtig sind (die in der Wahrnehmung nicht gegeben sind oder es niemals waren)« (Castoriadis 1990, S. 218).

Obwohl sie die Voraussetzung der Zeichen ist, ist die Imagination aber auch auf das Symbolische angewiesen. Ohne die Zeichen hätte das, was die Imagination ermöglicht und hervorbringt, keine Bedeutung. Aus dieser Verflechtung mit den Zeichen entsteht das »radikale Imaginäre«. Das »radikale Imaginäre« ist die Gesamtheit dessen, was durch den Prozess der Imagination hervorgebracht wird – und das ist nichts weniger als die »Herausbildung eines Bedeutungsuniversums« (Castoriadis 1990, S. 252).[5] Innerhalb dieses Bedeutungsuniversums aus mit Imagination verflochtenen Zeichen richten wir uns mittels identitäts- und mengenlogischer Denkweisen ein.[6] Castoriadis nennt diesen Vorgang des Einrichtens das »Instituieren« (Castoriadis 1990, S. 15) einer Gesellschaft. So wird das »Wir« einer Nation (Identitätslogik) oder die Hierarchie zwischen Entitäten und Gegenständen in der Welt (Mengenlogik) festgelegt.

Konfrontiert sind diese Ordnungsversuche mit dem »Gegebenen«, das Castoriadis bewusst metaphorisch das »Magma« nennt (Castoriadis 1990, S. 564 ff.).[7] Das Magma ist eine dichte

---

[5]Das radikale Imaginäre existiert in zwei Formen: als kollektiv-soziales »Gesellschaftlich-Geschichtliches« und als individuell-kognitives »Psyche-Soma« (Castoriadis 1990, S. 603). Castoriadis schreibt dazu: »Als Gesellschaftlich-Geschichtliches ist es offenes Strömen des anonymen Kollektivs; als Psyche-Somatisches ist es Strom von Vorstellungen/ Affekten/Strebungen« (Castoriadis 1990, S. 252).

[6]Dabei spielen Schemata eine Rolle, auf die wir hier nicht näher eingehen (Castoriadis 1990, S. 285 ff.).

[7]Castoriadis' Argument ist, dass man vom Magma, das er sporadisch auch als »Magma und Magma von Magmen« (Castoriadis 1990, S. 382) beschreibt, nicht mehr als eine »widersprüchliche Anhäufung widersprüchlicher Metaphern« haben kann (Castoriadis 1990, S. 565; Gertenbach 2011, S. 285, Anm. 16; Lüdemann 2004, S. 50 f.).

und dynamische Komplexität, aus der durch menschliches Tun und Sagen Bestimmungen und Kategorien geformt werden (Castoriadis 1990, S. 564). Als eine amorphe Grundschicht bleibt es aber, wie Lars Gertenbach vermerkt, eine »unendliche und unerschöpfbare Substanz, [...] eine Art Referenzmasse zur Generierung von Bedeutungen« (Gertenbach 2011, S. 284), ein »Quell des radikalen Imaginären« (Gertenbach 2011, S. 285).

In Anlehnung an eine in der Systemtheorie verwendete Form der Notation kann das Zusammenspiel von radikaler Imagination, radikalem Imaginären, Symbolischem und Magma wie in Abb. 3.1 dargestellt veranschaulicht werden.[8]

Zusammen bilden das (radikale) Imaginäre und das Symbolische das besagte »Bedeutungsuniversum«. Dieses Universum grenzt sich nach außen vom Magma ab, untergliedert sich nach innen aber entlang einer *zeitlichen Achse* in weitere Formen des Imaginären. Castoriadis nennt neben dem radikalen Imaginären noch drei weitere Formen des Imaginären: das »periphere Imaginäre«, das »zentrale Imaginäre« und das »aktuale Imaginäre« (vgl. dazu Abb. 3.2).

1. *Radikales Imaginäres:* Das radikale Imaginäre ist die äußere Grenze des Bedeutungsuniversums; eine »Andersheit und [...] beständiger Ursprung von Anderswerden« (Castoriadis 1990, S. 603) der Zeichen. Radikales Imaginäres ist eine Chiffre für den permanenten Wandel der Bedeutungen,

---

[8]Diese Art der Notation geht auf die Differenzlogik in George Spencer Browns Buch *Laws of Form* zurück und wird von Autoren wie Dirk Baecker (2005, S. 78 ff.) aufgegriffen. Auch Lars Gertenbach erläutert die Grundunterscheidungen von Castoriadis teilweise unter Rückgriff auf systemtheoretische Begriffe, gilt ihm das Magma doch etwa als »unmarked space« (Gertenbach 2011, S. 285). Wir betonen jedoch, dass wir die systemtheoretische Notation *in freier Anlehnung* aufgreifen. Castoriadis bringt zwar analoge Ideen zur systemtheoretischen Differenzlogik vor – etwa die Idee eines »re-entrys« der radikalen Imagination in das von ihr Hervorgebrachte. Im Detail gibt es aber auch viele Argumente, die mit der für konstruktivistische Theorien wie die Systemtheorie typischen Differenzlogik nur sehr schwierig vereinbar sind.

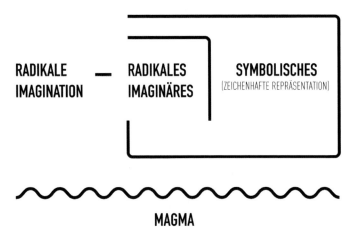

Abb. 3.1 Radikale Imagination nach Castoriadis (Quelle: Eigene Darstellung)

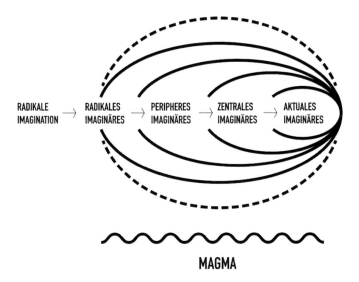

Abb. 3.2 Formen des Imaginären bei Castoriadis (Quelle: Eigene Darstellung)

mit denen sich Menschen etwas vorstellen und ihr Wissen codieren.

2. *Peripheres Imaginäres:* Die Zeichen unterliegen einer ständigen Neukontextualisierung. Neue Bedeutungen entstehen, alte rücken in den Hintergrund. Das periphere Imaginäre entspricht dieser »sekundären oder n-ten imaginären Bearbeitung der Symbole«, die »sich nacheinander in verschiedenen Schichten um [ein, CE/JS] Zentrum herum ab[lagert]« (Castoriadis 1990, S. 224).

3. *Zentrales Imaginäres:* Das zentrale Imaginäre sind die jeweils vorherrschenden Ordnungsvorstellungen; eine Menge »elementarer Symbole« bzw. der »Gesamtsinn[]« der Gesellschaft (Castoriadis 1990, S. 223). Das zentrale Imaginäre liefert den normalisierten Ausgangspunkt für ein als realistisch und rational angesehenes Wissen (Castoriadis 1990, S. 230, 357).

4. *Aktuales Imaginäres:* Das aktuale Imaginäre ist die auf Handlungsebene aktuelle Imagination (Castoriadis 1990, S. 251). Es greift auf die Bedeutungen zurück, die das zentrale Imaginäre zur Verfügung stellt. Durch diese Rückgriffe auf das zentrale Imaginäre wird dessen Vorrang gegenüber dem peripheren Imaginären festgeschrieben.

Alle diese Begriffe sind sehr abstrakt. Sie helfen jedoch dabei, zu präzisieren, was mit den drei Begriffen Imagination, Imaginäres und imaginaries gemeint ist:

1. *Imagination* ist die kognitive menschliche Fähigkeit, sich etwas Abwesendes vorzustellen. Diese Fähigkeit ist ein Teil aller menschlicher Praktiken (Wahrnehmung, Denken und Handeln). (radikale Imagination)

2. *Imaginäres* ist das sich verändernde Inventar an zeichenhaften Bedeutungen (»Bedeutungsuniversum«), mit deren Hilfe sich Kulturen und Gesellschaften etwas vorstellen, also Bilder, Metaphern, Begriffe, Analogien etc., die auch als anormal oder fremd erfahren werden können. (radikales Imaginäres)

3. *imaginaries* sind Zuschnitte des Imaginären, die in bestimmten Teilbereichen, Diskursen oder Organisationen

einer Gesellschaft (Kunst, Wissenschaft, Politik, Wirtschaft etc.) entstehen. Sie erfüllen Ordnungs- und Problemlösungszwecke (Identitäts- und Mengenlogik), indem sie z. B. spezifische gesellschaftliche Veränderungen in den Bedeutungsrahmen eines imaginären Ganzen stellen (z. B. ›Zukunft‹, ›Gott‹, ›Nation‹, ›Menschheit‹ etc.). (peripheres/zentrales Imaginäres, aktuales Imaginäres)

3.2 Konzepte der Imagination zukünftiger Medien

Zur Imagination zukünftiger Medien existiert in der Medienwissenschaft ein reicher, allerdings auch unübersichtlicher, Forschungsstand. Einigkeit herrscht immerhin darüber, dass die historische Rekonstruktion des vergangenen Zukunftswissens Aufschluss über die Prozesse der Imagination zukünftiger Technologien gibt (Kluitenberg 2006a; Natale und Balbi 2014, S. 205 f.). Sortieren lässt sich das Feld, wenn man die Differenz zwischen *neuen* und *zukünftigen* Medien als Leitunterscheidung heranzieht. Die Medienwissenschaftler Simone Natale und Gabriele Balbi differenzieren dazu 1. Imaginationen, die sich auf zukünftige Medien vor ihrer Entstehung beziehen, 2. imaginaries, die sich entwickeln, wenn ein Medium ›neu‹ ist, und 3. Vorstellungen, die sich an ›alte‹ Medien knüpfen (Natale und Balbi 2014). Dieser Ansatz hat den Vorteil, die Grenze zwischen neuen Medien und zukünftigen Medien als dynamische Grenze zu beschreiben. Als »media prophecies« (Natale und Balbi 2014, S. 205 ff.) können zukünftige Medien demzufolge schon lange im Imaginären existieren, ohne dass sie eine reale Technologie sind. Bei diesen »prophecies« handelt es sich nicht um Vorhersagen. Wie Nicholas Rescher zeigt, sind Vorhersagen »informative specifications« der Zukunft, die auf die Frage »Was *wird* sein?« antworten. Prophezeiungen, Science-Fiction und auch Szenario-Analysen sind für Rescher dagegen deutlich unschärfere und ambivalente »imaginative speculations«, die auf die Frage »Was wird *möglicherweise* sein?« antworten (Rescher 1998 S. 37 ff.). Doch damit ist die Sache noch nicht

geklärt. Denn Rescher weiß natürlich auch, dass sich mit technologischen Innovationen die Grenze zwischen Möglichkeit
und Unmöglichkeit verschieben kann. Was gestern noch reine
Spekulation war (»was wird *möglicherweise* sein«?), weil es
technologisch nicht umsetzbar war, kann durch technologische
Umbrüche reale Möglichkeit werden, die direkte Prognosen
erfordert (»was *wird* sein?«).

Wir können daher festhalten: In Form von fiktiven Diskursen wie der Science-Fiction (oder anderen Formen der
Imagination) können zukünftige Medien lange ›vor‹ neuen
Medien existieren. Wenn jedoch ein Medienumbruch erfolgt und
ein neues Medium erscheint, dann wird diesem Medium aufgrund der Veränderungen, die es für Kommunikation und Infrastruktur, Zeichen und Informationsverarbeitung sowie Praktiken
und Handlungen mit sich bringt, zugesprochen, eine Zukunfts-
technologie zu sein; das neue Medium wird für eine Weile zum
›Zukunftsmedium‹ (z. B. der Film Anfang des 20. Jahrhunderts).

Medienprophezeiungen existieren spätestens seit dem Ent-
stehen der Science-Fiction am Ende des 19. Jahrhunderts.
Science-Fiction ist ein Diskurs, der – wie der berühmte Science-
Fiction-Autor Arthur C. Clarke festgestellt hat –, dazu dient,
imaginativ in das Unmögliche auszugreifen, um das Mögliche
bestimmbar zu machen: »[D]ie einzige Möglichkeit, die Grenzen
des Möglichen zu entdecken, ist, sich über diese hinaus ein
Stück ins Unmögliche zu wagen« (Clarke 1984; Gidley 2017,
S. 51).[9] Clarkes Formulierung lässt zwar außer Acht, dass die
Imagination unter Umständen gar nicht in der Lage ist, das
Unmögliche auch wirklich zu fassen.[10] Dennoch ist es richtig,
festzuhalten, dass Science-Fiction die Grenze zwischen dem
wissenschaftlich und technisch Möglichen und Unmöglichen
bearbeitet.

---

[9]Die Aussage ist das sogenannte zweite (von drei) Clarke'schen Gesetzen.
Alle drei Gesetze sind in verstreuter Form enthalten in Clarke (1984).

[10]Mit Blick auf die Möglichkeit von Zukunftswissen heißt es bei Rescher
(2012, S. 157): »We can only make predictions about matters that lie, at
least broadly speaking, within our cognitive horizons«.

Science-Fiction rückt somit in eine doppelte Rolle. Wenn ein neues Medium erscheint, werden Vorwegnahmen einer Technologie in der Science-Fiction, die eine hinreichende Ähnlichkeit zu einem neuen Medium aufweisen, einerseits häufig *ex post* als ›prophetisch‹ wiederentdeckt (Natale und Balbi 2014, S. 207). Andererseits sind derartige Medienprophezeiungen eine Form von aktivem »Zukunftswissen« (Bühler und Willer 2016, Weidner und Willer 2013, S. 11). Dieses zeichenhafte Wissen ist vorrangig ein für die *Gegenwart* relevantes Wissen,[11] das zweckrational verwendet wird, etwa in der Werbung (Natale und Balbi 2014, S. 207).

Allerdings kommt der Prozess der Imagination eines neuen Mediums als zukünftiges Medium erst in Gang, wenn ein neues Medium zu einem ›Futurible‹ wird. Dieser Begriff aus der Zukunftsforschung geht auf den Philosophen Bertrand de Jouvenel zurück. Jouvenel definiert ihn so: »In die Klasse der Futuriblen gehören [...] solche zukünftigen Zustände, deren Entstehung, vom gegenwärtigen Zustand ausgehend, für uns vorstellbar und wahrscheinlich ist« (Jouvenel 1967, S. 34). Jouvenels Beispiel ist das Fliegen, das vielfach vorweggenommen wurde. Die Relevanz dieser ›Prophezeiungen‹ änderte sich aber in dem Moment, als die reale technische Möglichkeit bestand, dass man auch wirklich fliegen konnte. Ältere Aussagen darüber, ob man Materialien verwendet, die leichter als Luft sind oder schwerer, oder ob die Flügel sich bewegen oder nicht, dienen nun, *ex post* mehr oder weniger ›prophetisch‹ zutreffend, als kognitive Ressourcen zur Entwicklung der faktischen Technologien. Medienprophezeiungen wie der ›Cyberspace‹ sind also keine Vorhersagen im strikten Sinne; ihre Einordnung als ›prophetisch‹ erfolgt nachträglich, wenn ein neues Medium als ›Futurible‹ denkbar ist. Ist jedoch ein neues Medium möglich, dann ändert dies die Relevanz und den Zweck von Science-Fiction: Spekulatives Möglichkeitswissen dient dann auch der Entwicklung und Einschätzung einer Technologie.

---

[11]Siehe zur Semiotik der Zukunftszeichen Steinmüller (2007a).

Das Band zwischen der Geschichte des Computings und der Science-Fiction ist traditionell sehr eng. Für den Computerwissenschaftler David L. Ferro und den Historiker Eric G. Swedin fungiert Science-Fiction als Bindeglied zwischen der Öffentlichkeit und der Entwicklungscommunity. Einerseits hilft Science-Fiction bei der Imagination möglicher Folgen des Computings für die Gesellschaft, andererseits expliziert sie die »needs«, also Wünsche und Sehnsüchte, die in der Gesellschaft die Entwicklung vorantreiben (Ferro und Swedin 2011, S. 2). Erfasst werden kann dies durch den Begriff der imaginaries. Mit diesem Begriff wird betont, dass Objekte in der Science-Fiction, wie z. B. die Interfaces, die in den ›Cyberspace‹ führen, oder aber der HAL 9000, ein im Film funktionsfähiger Supercomputer, dabei helfen, neue Medien einzuordnen. Insbesondere erhält sich im Begriff der imaginaries aber ein Verständnis für die zweckrationale Funktionalisierung von Science-Fiction im Rahmen ›strategischer‹ Planungen möglicher Zukünfte. Heute existiert eine Kultur, in der Science-Fiction ganz bewusst zur Technologieentwicklung und zum Produktdesign via »Science-Fiction-Prototyping« (Johnson 2009; Kymäläinen 2016; Zybura 2014) eingesetzt wird.[12] Angesichts dessen muss man fragen: Wie konnte es so weit kommen? Dies bringt eine weitere Komplexität ins Spiel.

In der Medienwissenschaft wird die Rolle von Imaginationen im Kontext von Medienwandel sehr häufig am Beispiel älterer ›neuer‹ Medien wie Fotografie, Telegrafie, Telefon, Film oder Radio erläutert, also am 19. und 20. Jahrhundert (Marvin 1988). Was bei der Rekonstruktion dieser Imaginationen aber häufig ausgeblendet bleibt, ist die Tatsache, dass sich im 20. Jahrhundert auch das Verständnis von Zukunft veränderte.

Ebenso wie die Zeit ist die Zukunft eine gesellschaftliche ›Institution‹ (Castoriadis 1990, S. 317 ff.). Der Historiker

---

[12]Bei Kymäläinen (2016, S. 339 f.) findet sich eine tabellarische Übersicht über die Technologien, die in der Literatur zum Science-Fiction Protoyping als Zieltechnologien gelten. Außer einer kleinen Erwähnung der bemannten Raumfahrt und der Organisationsanalyse stammen alle Technologien aus dem Bereich der Computertechnologie und insbesondere der digitalen Medien.

Lucian Hölscher argumentiert daher, dass es ein Fehler ist, von der Realisierung von Zukunftswissen in *allen* menschlichen Praktiken auf die Form des Zukunftsverständnisses in *bestimmten* Kollektiven zu schließen. Demnach gibt es eine durch die biologische Verfassung des Menschen gekennzeichnete kognitive Ebene der Zeitlichkeit aller menschlicher Praxis. Nicholas Rescher nennt das »Futurition« (Rescher 1998, S. 2). Die Bedeutung *all* unseres Tuns und Sagens ergibt sich aus der Zukunft: »Nur die Zukunft verleiht unseren Handlungen einen Sinn, rechtfertigt sie oder offenbart ihre Vergeblichkeit«, schreibt auch Georges Minois (2002, S. 17). Diese Dimension ist jedoch verknüpft mit kulturspezifischen Interpretationen dieser Zeitlichkeit, in denen die Zeitwahrnehmung eine *spezifische Bedeutung* gewinnt.

Wie Hölscher in seinem Buch *Die Entdeckung der Zukunft* am Beispiel der europäischen Geschichte demonstrieren kann, ist das Konzept der ›Zukunft‹ eine »historisch spezifische Denkform« (Hölscher 2016, S. 12), die sich im Laufe der Zeit verändert. Was wir unter ›Zukunft‹ verstehen, unterscheidet sich also sowohl historisch als auch entlang von kulturellen Grenzen – ein bedeutender Einschnitt ist z. B. der Beginn der Moderne (Luhmann 2006).[13] In den 1960er-Jahren ist ein Wandel des Zukunftsbegriffs zu beobachten. Im Zeichen des Kalten Krieges wird das Wissen um die Zukunft mit Praktiken des »Aufzeigen[s] von Möglichkeiten und Wahrscheinlichkeiten« (Hölscher 2016, S. 293; Luhmann 2006, S. 140 ff.) verknüpft. Unter dem Einfluss neuer Theorien und Wissenschaften wie der Spieltheorie, der Kybernetik und der nunmehr zur Verfügung stehenden Technologie der Computersimulationen (Hilgers 2008; Pias 2005; Raser 1969; Wilson 1968) professionalisiert

---

[13]Hölscher bewegt sich im Kontext einer breiten Grundlage von Standardwerken zur Zukunftsforschung wie der Ideengeschichten Clarkes (1979), Polaks (1973) oder Bowlers (2017, hier insb. S. 69 ff.). Auch die kulturanthropologische Forschung, etwa Arjun Appadurais (2013, S. 285 ff.) Diskussion der Zukunft als kulturellem »Fakt«, oder Marc Augés (2015) kulturphilosophische Analysen sind zu nennen.

sich in US-amerikanischen Think-Tanks wie der RAND-
Cooperation die Zukunftsforschung (Andersson 2018; Hölscher
2016, S. 296 ff.).

Fächer wie die Futurologie bzw. die Futures Studies entstehen
(Seefried 2015; Gidley 2017, S. 63 ff.). Eine ›strategische‹
Betrachtungsweise der Zukunft hält in Politik, Wissenschaft
und Wirtschaft Einzug und bietet in Form von sogenannten
›Forecast‹- bzw. ›Foresight‹-Prozessen methodisch abgesicherte
Formen des Zukunftswissens (Jouvenel 1967; Polak 1971).
Die Öffentlichkeit bleibt davon nicht unbeeinflusst. Das Buch
Future Shock von Alvin und Heidi Toffler (1971) wird zum Best-
seller und inspiriert einen von Orson Welles eingesprochenen
Dokumentarfilm. Die Annahme, dass Computer die zukünftige
Gesellschaft verändern, wird ›common sense‹ in Diskursen um
eine ›postindustrielle Gesellschaft‹.

Im Windschatten dieses pluralisierten Begriffs von Zukunft
kann, oft im Kontext der gleichen US-amerikanischen
Think-Tank-Kultur, nicht nur die Idee des ›Computers als
Medium‹ gedeihen, sondern sich auch das imaginary vom
Computer als Zukunftsmaschine entwickeln, also eines
zukünftigen Mediums, das die Zukunft selbst vorhersagt. Vorweggenommen wird dies in *2001: A Space Odyssey*. Die
Astronauten David Bowman und Frank Poole kommen der Fehl-
funktion ihres angeblich unfehlbaren Supercomputers HAL 9000
auf die Spur, weil dieser den Ausfall einer Systemkomponente
des Raumschiffes, also einen zukünftigen Zustand, falsch vorhersagt.

Die prädiktive Operationsweise von HAL 9000 ist eine Form
von »Technikzukunft« (Grunwald 2012), die mit Kernvor-
stellungen rund um digitale Medien wie künstlicher Intelligenz
kompatibel ist und für die KI-Forschung ein implizites »Leitbild« war (Dierkes und Hoffmann und Marz 1992; Giesel 2007).
Gleichzeitig ist die Vision von Computern als zukünftigen
Medien, die die Zukunft als zukünftigen ›Systemzustand‹ vorhersagen (der Computer kontrolliert das Raumschiff, also das
›System‹), ein heute mehr denn je aktuelles imaginary rund um
die Medien der Zukunft.

Wie die Gegenwart aber auch zeigt, ist die computer-basierte Berechnung einer *Vielzahl* an Zukünften nicht gleich-zusetzen mit der soziopolitischen und kulturellen *Vielfalt* dieser Zukünfte.[14] Carolyn Marvin (1988, S. 191 ff.) hat aufgezeigt, dass die Welt der technischen Verbreitung von Information, die im 19. Jahrhundert entsteht, nicht gleichzusetzen ist mit einer Akzeptanz kultureller Differenz. Ein »cognitive imperialism« (Marvin 1988, S. 192), der sich nichts anderes als eine durch das britische Empire geprägte Weltkultur vorstellen kann, durchzieht die imaginaries der damals neuen technischen Medien (Marvin 1988, S. 194).[15] Seit einigen Jahren stellen Diskurse wie der »Afrofuturismus« (Eshun 2018) die Frage nach alternativen Zukünften. In diesen Debatten geht es um die Fortschreibung der Asymmetrie zwischen ›Global North‹ und ›Global South‹.[16] Diese Debatten können jedoch nur geführt werden, weil in den 1960er-Jahren eine bis heute aktuelle Medienkultur der »digitopische[n] Zukünfte« entstanden ist, in der »Macht [...] durch die Vergegenwärtigung, das Managen und die Bereit-stellung verlässlicher Zukünfte« (Eshun 2018, S. 44) operiert.

In den 1960er-Jahren entsteht eine »Zukunftsindustrie« (Eshun 2018, S. 47), die sich auf hartes, formalisierbares Wissen wie »Computersimulationen, Wirtschaftsprognosen, Wetterberichte, den Futures Handel, Think-Tank-Berichte, Berater-Analysen« stützt, aber inzwischen längst auch die »informalen Beschreibungen« der Science-Fiction inkorporiert

---

[14]Siehe zu den kulturwissenschaftlichen Dimensionen der Beschäftigung mit Zukunft die Beiträge in Hartmann und Murawska (2015); Steinmüller (2007b) sowie Paul (2019). Zum Konzept der Critical Futures Studies im engeren Sinne Goode und Godhe (2017) sowie Godhe und Goode (2018).

[15]Typisch ist dafür nach Marvin, dass über Medien die ›Anderen‹ zuallererst als ›Andere‹ erkannt werden, Medien also das Problem des ›cross-cultural understandings‹ aufwerfen und ideologisch zurichten.

[16]Siehe zur Kontextualisierung des Afrofuturismus im Kontext weiterer »Ethnofuturismen« Avanessian und Moalemi (2018).

hat (Eshun 2018, S. 45).[17] Science-Fiction war nie ein harm-
loses Feld visionärer Medienprophezeiungen, mehr denn je ist
sie heute aber »Science-Fiction-Kapital« (Mark Fisher, zit. nach
Eshun 2018, S. 45 f.).[18]

> »Science-Fiction ist zur Forschungs- und Entwicklungsabteilung
> einer Zukunftsindustrie geworden, die von der Vorhersage und
> Kontrolle des Morgen träumt. Großunternehmen versuchen das
> Unbekannte über szenariobasierte Entscheidungen in den Griff [zu]
> kriegen, während die Zivilgesellschaft auf den Zukunftsschock mit
> Verhaltensweisen reagiert, die von der Science-Fiction vorformatiert
> wurden« (Eshun 2018, S. 47).

Der Medienphilosoph Jean Baudrillard hatte den Zusammen-
bruch eines traditionellen Begriffs von Science-Fiction im
Zeichen der »Simulation« bereits während der Debatte um die
Postmoderne in den 1980er- und 1990er-Jahren vorhergesagt.
Der Kultur der »simulation simulacra« steht nach Baudrillard
keine »imaginary domain« mehr gegenüber, »the ›good old‹ SF
imagination is dead, and […] something is beginning to emerge
(and not only in fiction, but also in theory)« (Baudrillard 1991,
S. 309) – eine Forderung nach einem neuen Vokabular zur Analyse dieser Verhältnisse.

Konzeptionell unter einem Dach zusammenführen lassen
sich diese verschiedenen Facetten der Imagination zukünftiger
Medien unter dem Begriff der imaginaries, der insbesondere in
der Wissenschafts- und Techniksoziologie, insbesondere dem

---

[17]Eshun (2018, S. 46) macht dies an den Medien der 1990er-Jahre fest.
Unter dem Eindruck der Reagan-Jahre, der Rüstungsspirale der 1980er-
Jahre, man denke nur an die imaginaries rund um das US-amerikanische
SDI-Programm (Franklin 2008, S. 200 ff.), ist das nicht unplausibel. Für
unsere Begriffe setzt es aber zu spät an. Die Wurzeln liegen in den 1960er-
Jahren (Andersson 2018). Einen Überblick über das Feld des »Science
Fiction Criticism« gibt die Anthologie von Latham (2017).

[18]Siehe hier auch die Diskussion von Science-Fiction in Jameson (2005);
aus Perspektive der Science and Technology Studies wird die Fabrikation
der Zukunft reflektiert bei Brown et. al. (2000).

Forschungsfeld der »Science and Technology«-Studies (STS) Verwendung findet.[19]

Das Ziel der STS ist es, den Prozess der sozialen Herstellung von Wissenschaft und Technik zu erforschen (Lengersdorf und Wieser 2014; Sismondo 2010).[20] Wissenschaft und Technologie werden auf ihre soziokulturellen Voraussetzungen befragt (Jasanoff 2015, S. 2). Die Rolle der Imagination ist in dieser Forschungstradition in den letzten Jahren intensiv diskutiert worden (Sneath et al. 2009). Imaginaries gelten als Ordnungsvorstellungen, die in Bezug auf eine als möglich und wünschenswert angenommene technologische Zukunft entwickelt werden (Jasanoff 2015, S. 5 ff.).[21] Einschlägig dafür ist die Definition des Begriffs der »sociotechnical imaginaries«, der von den Wissenschaftsforschern Sheila Jasanoff und Sang-Hyun Kim entwickelt wurde (Jasanoff und Kim 2009).[22]

Soziotechnische imaginaries gelten Jasanoff als »collectively held, institutionally stabilized, and publicly performed visions of desirable futures, animated by shared understandings of forms of social life and social order attainable through, and supportive of, advances in science and technology« (Jasanoff 2015, S. 4).

---

[19]Andere Begriffe, die wir hier aber nicht tiefergreifend diskutieren, sind »technoscientific imaginary« (Marcus 1995) oder »vanguard visions« (Hilgartner 2015) oder »Expectations« (Borup et. al. 2006; Van Lente 2012).

[20]Siehe grundlegend zur neueren Wissenschaftsforschung auch Bloor (1976).

[21]Ein schönes Beispiel für vergangene Technologie-Visionen in den USA und ihre Verflechtung mit Themen wie Gemeinschaft, Wohnen, Mobilität und Kriegführung bietet Corn und Horrigan (1984).

[22]Der Begriff der »sociotechnical imaginaries« ist ausdrücklich als interdisplinärer Brückenbegriff gedacht. Siehe die entsprechende Forschungsplattform der Harvard-Universität http://sts.hks.harvard.edu/research/platforms/imaginaries/i.ant/imagination-in-science-and-technology/ (Zugegriffen: 25. Februar 2020). Auch andere Ansätze in den STS haben den Begriff der ›imaginaries‹ verwendet und ausgedeutet. Wir konzentrieren uns aber auf Jasanoff. Einen Gesamtüberblick geben McNeil et al. (2017) sowie Nerlich und Morris (2015), zu Jasanoffs Ansatz siehe Şahinol (2014).

Nach dieser Definition von Jasanoff (2015, Seitenzahlen nachfolgend in Klammern) sind imaginaries

1. auf die Zukunft von Technologien bezogen; sie verdichten (im zentralen Imaginären) eine mögliche Zukunft einer Technologie (4).
2. politische Produkte und Instrumente des Zusammenspiels von Wissenschaft, Technologie und Gesellschaft. Sie werden von Nationalstaaten, Unternehmen oder sozialen Bewegungen (z. B. Umweltbewegung) hervorgebracht (4).[23]
3. vorwiegend auf kollektiver Ebene zu finden, aber auch als Ideen von Einzelnen oder kleinen Gruppen zu beobachten (4).
4. in ihrem Erfolg niemals von einem Individuum allein abhängig, sondern von gesellschaftlichen Instanzen wie Medien, Wirtschaft, Rechtsprechung und Politik (4).
5. in der Regel im Plural vorhanden; zu einem historischen Zeitpunkt existieren also verschiedene imaginaries (4).
6. auf eine normativ »wünschenswerte« und durch Wissenschaft und Technik geprägte Lebensform bezogen, die in einem Prozess des »enactment und reenactment« ausgehandelt, also im weitesten Sinne ›inszeniert‹ wird (5).
7. auf die Idee gestützt, dass Technologien »performative scripts« sind, in denen sich Vorstellungen und Normen ›materialisieren‹; die materielle und die ideelle Sphäre sind einander also *nicht* entgegengesetzt, sondern Imagination entsteht immer auch in materieller Interaktion (12).[24]
8. zwischen der Normativität und der Materialität der Netzwerke komplexer technischer Systeme angesiedelt, also zugleich ›symbolisch‹ und ›materiell‹ (19, 22).

---

[23]Vgl. zur Formierung einer »national technopolitical identity« auch Felt (2013). Wie nah sich die Forschung zu »sociotechnical imaginaries« und die historische Zukunftsforschung zu Zukunftsimaginationen wie z. B. der »Energiewende« thematisch kommen, zeigt der Vergleich der Beiträge in Jasanoff und Kim (2015) sowie Andersson und Rindzeviciute (2015).

[24]Vgl. zur Materialität und Performativität von Imagination Michael (2000) sowie Borup et al. (2006, S. 292 f.).

Mit Hilfe dieses Konzeptes sollen historische Veränderungen von Vorstellungen in Bezug auf das Zusammenspiel von Sozialität und Technik erklärt werden. Historische Vorstellungen der Überwindung von Raum und Zeit durch technische Medien sowie die Bedeutung von Medientechnik für das Gefühl von Zugehörigkeit zu einer sozialen Ordnung können als imaginaries lesbar gemacht werden (Jasanoff 2015, S. 5).

Vergleicht man dieses sehr breit gefasste Konzept mit dem im deutschen Sprachraum geläufigen »Leitbild«-Begriff, dann fallen Ähnlichkeiten auf. Katharina Giesel schreibt: »Leitbilder bündeln sozial geteilte (mentale oder verbalisierte) Vorstellungen von einer erwünschten bzw. wünschenswerten und prinzipiell erreichbaren Zukunft, die durch entsprechendes Handeln realisiert wird« (Giesel 2007, S. 245).[25] In beiden Fällen geht es um die Analyse der kollektiven Imagination einer wünschenswerten Zukunft von Wissenschaft und Technik. Der Begriff der »sociotechnical imaginaries« betont stärker das Moment der institutionellen Absicherung und der öffentlichen Performanz (Inszenierung, Aufführung, Präsentation); der Leitbild-Begriff hebt die handlungstheoretische Bedeutung dieser Vorstellungen sowie den Unterschied zwischen impliziten und expliziten Formen von Leitbildern hervor (Giesel 2007, S. 246 ff.). Beide Begriffe zielen auf die *Vermittlungsfunktion* von imaginaries für die Koordination in der Entwicklung neuer Medien und die soziale Akzeptanz dieser Technologien. In die gleiche Richtung denkt auch der Philosoph Armin Grunwald.

Grunwald verwendet den Begriff der »Technikzukünfte«, den er ausdrücklich »als Medium von Technikdebatten und Technikgestaltung« (Grunwald 2012) veranschlagt. Technikzukünfte sind ein Teil der modernen Idee eines »Future Making« (Montfort 2017), das im Rahmen von »Politiken der Zukunft« (Weidner und Willer 2013, S. 12) ausagiert wird. Diese Politiken werden u. a. durch Forschungsinstitute mittels systematischer

---

[25]Vgl. zu Leitbildern in der Human-Computer-Interaction speziell auch Breuer (2001).

Prognose- bzw. ›Foresight‹-Prozesse entwickelt und gestützt.[26]
Wie Grunwald ausführt (2012, S. 25 ff., insb. 26), erfolgt ihre
Vermittlung teils gesellschaftsweit, teils gezielt als Experten-
berichte für Politik und Industrie, teils eher an die individuellen
Nutzer adressiert. Diese Zukünfte existieren in heterogenen
medialen Formen wie »Visionen, Erzählungen, Szenarien,
Simulationen, Diagramme und viele[m] mehr« artikuliert.
Technikzukünfte sind dabei von begrenzter ›Lebensdauer‹,
also keine langlebigen Utopien, sondern imaginaries mit einem
definierten Gebrauchswert. In ihrer Existenz durch eine Vielzahl von Beispielen gesichert, sind sie empirisch aufgrund
ihrer Heterogenität aber nur schwer messbar. Technikzukünfte
sind somit eine Form von »Interdiskurs« (Link 2013), der
Orientierung angesichts der Unwägbarkeiten und Möglichkeiten
gibt, die mit Wissenschaft und Technik einhergehen.

Die Vermittlung durch imaginaries besteht also aus einer
Verdichtung zukünftiger Möglichkeiten. Vermittels imaginaries
werden zukünftige Möglichkeiten denkbar, die eine Gruppe
heterogener Akteure für einen bestimmten Zeitraum mit einer
Medientechnologie assoziiert. Dabei wird ein Medium als *neues*
Medium in seinen Möglichkeiten identifiziert und sowohl im
zeitlichen als auch im narrativen Sinne zum Teil eines kulturellen
Deutungskontextes. Imaginaries stehen dabei in einer Tradition
von älteren Medienprophezeiungen, die sie bei Anlass eines
Futuribles ›wiederentdecken‹. Diese Vorwegnahmen werden
in die Science-Fiction tradiert, allerdings sind theoretische
Manifeste (Brate 2002), Populärwissenschaft, künstlerische
Diskurse, ja sogar Para- und Pseudowissenschaft ebenfalls
sehr wichtige Quellen. Entwickelt werden in diesen Diskursen

---

[26]Siehe als Beispiel für die »Politik- und Gesellschaftsberatung« zu
Technikzukünften acatech (2012). Methodisch interessant ist insbesondere
der Abschnitt »Technikzukünfte als Aussagen über die Zukunft« (S. 19 ff.),
in dem verschiedene Methoden der Vorhersage von Technikzukünften vorgestellt werden. Weitere Methoden werden bei Kosow und Gaßner (2008)
vorgestellt. Die Gründe, warum dabei selten die Zukunft herauskommt, die
man sich vorgestellt hat, analysieren van Riper (2013) sowie Geels und Smit
(2000).

Begriffe, Analogien und Metaphern, die ein stark affektiv geprägtes Wissen darüber vermitteln, was mit einer Technologie zukünftig möglich ist.

In den 1940er-Jahren hatte man beispielsweise Schwierigkeiten, im Computer etwas anderes zu sehen als nur einen weiteren experimentellen Apparat (Ceruzzi 1986). Erst um 1960 imaginiert man den Computer als »communication device« (Licklider und Taylor 1968). Das Wissen um zukünftige Möglichkeiten wurde in den Rahmen einer bestimmten Zukunft gestellt, die als ›Zukunftsorientierung ohne Festlegung‹ fungiert. Imaginaries können zwar nicht garantieren, dass die Möglichkeiten eines Mediums auch tatsächlich Wirklichkeit werden, noch sind sie Standards, die spezifische Handlungen von Akteuren festschreiben. Vielmehr vermitteln sie in unterschiedlichen medialen Formaten und Nutzungsformen durch Beschreibung (deskriptiv), Erzählung (narrativ), Inszenierung (fiktiv) und Interaktion (performativ), welche kulturell-symbolischen Möglichkeiten sich mit welchen materiell-technischen Wirklichkeiten überblenden lassen und wie dies normativ im Hinblick auf die soziale Realität zu bewerten ist.

3.3 Die Vermittlung neuer Medien *als* zukünftige Medien

Folgt man den zu Beginn formulierten Thesen, werden imaginaries zukünftiger Medien dann aktuell, wenn neue Medien *als* zukünftige Medien ›imaginiert‹ werden. Mit dieser Annahme markieren wir einen spezifischen Zeitpunkt in der Entwicklung eines Mediums – die kontroverse Phase der ›Neuheit‹ eines Mediums.

Diese Annahme können wir jetzt präzisieren: Als zukünftige Medien werden neue Medien historisch dann durch imaginaries vermittelt, wenn es Gründe dafür gibt, dass eine *Imagination zukünftig möglicher Medientechnologien* in *die Imagination zukünftiger Möglichkeiten einer Medientechnologie* umschlägt; aus einer Medienprophezeiung wird ein konkretes

»Medien-Futurible«. Wie lässt sich dieser Umschlagpunkt verstehen und welche Mittel zu seiner Analyse finden sich in der Forschung?

Über die letzten 40 Jahre hat die Digitalisierung verschiedene Phasen durchlaufen. In der Medientheorie spricht man abgeklärt von einer ›post-digitalen‹ Ära »nach der Revolution« (Beyes et al. 2017) oder reißerisch von »postmedialen Wirklichkeiten« der »Zukunftsmedien« (Selke und Dittler 2009). Das Bedürfnis nach umfassender Deutung des digitalen Wandels ist jedoch größer denn je. In schneller Folge werden soziologische Analysen der »nächsten Gesellschaft« (Baecker 2007), »Gesellschaft der Singularitäten« (Reckwitz 2017) oder »digitalen Gesellschaft« vorgelegt (Nassehi 2019); intensive Debatten um die Folgen der Automatisierungspotenziale des Internets der Dinge, des 3-D-Drucks und der Künstlichen Intelligenz, z. B. für die Arbeitswelt, werden geführt.[27] Diese Diskrepanz zwischen einem ›post-revolutionären Zustand‹ bei gleichzeitigem Bedarf nach Deutung erklärt sich aus der Normalisierung von digitalen Medien. Die neue Normalität digitaler Medien hat die Veränderung gesellschaftsweit sichtbar gemacht; digitale Medien sind kein Spezialthema mehr, das man souverän weglächeln kann.

Historisch ist dies ein häufiges Muster: Medienumbrüche wie die Digitalisierung werden dann rekonstruiert, wenn sie sich bereits vollzogen haben. Dafür existiert ein Erklärungsmodell: das »Tsunami-Modell« (Glaubitz et al. 2011).[28] Tsunamis ereignen sich als Folge tektonischer Verschiebungen, also Bewegungen von Magma, die zu Seebeben führen. Dies geschieht spontan und bleibt meist unbemerkt. Die Schockwellen des Seebebens breiten sich jedoch über den Ozean aus.

---

[27]Siehe zu diesem Diskurs am Beispiel des 3-D-Drucks Schröter (2015) und als allgemeines Beispiel für eine technikgestützte politische Utopie Mason (2017).

[28]Mit der Metapher des ›Tsunamis‹ werden von den Autoren des Modells ausdrücklich nicht die katastrophalen Effekte eines Medienwandels beschrieben, sondern es geht darum, strukturell den Prozess zu beschreiben, der dem Medienwandel zugrunde liegt (Glaubitz et al. 2011, S. 26).

Dadurch entstehen in Küstennähe Riesenwellen, die erhebliche Folgen haben können. Das Tsunami-Modell nutzt die Analogie zu diesem Prozess zur Erklärung eines Medienumbruchs. Medienumbrüche bilden sich zunächst in einem »prä-emergenten Feld«. Dieses Feld ist eine »Gemengelage« von unverbundenen Entdeckungen und Technologien, die für eine zukünftige Medientechnologie nötig sind (Glaubitz et al. 2011, S. 27). Durch Verschiebungen in diesem Feld kommt es zu einem »Emergenzereignis«, das »dann, wenn die Effekte eines ›neuen Mediums‹ unübersehbar geworden sind«, *ex post* rekonstruiert wird (Glaubitz et al. 2011, S. 28).[29] In einem ›Rekognitions-prozess‹ entstehen imaginaries, die »erörtern, was die neue Apparatur ist, was damit gemacht werden kann und wie (oder: ob) sie sich darin auch selbst verändern werden […]« (Glaubitz et al. 2011, S. 29).[30]

Diese Verdichtung zukünftiger Möglichkeiten läuft auf ver-schiedenen »Rekognitionsniveaus« ab. Mit diesen Rekognitions-niveaus kann gemeint sein, dass ein Thema intensiver oder weniger intensiv diskutiert wird, ›Niveaus‹ kann aber auch Unterschiede in den Medienformaten oder Genres (Medien-kunst vs. Science-Fiction) meinen. Die Verdichtung zukünftiger Möglichkeiten verläuft dabei entlang der Anziehungskraft von »Faszinationskernen« (Glaubitz et al. 2011, S. 32). Diese Faszinationskerne werden im kulturellen Gedächtnis von Wissenschaft, Populärkultur und Kunst tradiert. Für die Ent-wicklung des Computers als Medium seit den 1960er-Jahren lassen sich drei Faszinationskerne identifizieren: 1. »Netz« (= Infrastruktur und Form zukünftiger Kommunikation), 2. »Simulation« (= primäre Art der Zeichen- und Informations-verarbeitung), 3. »Künstliche Intelligenz« (= Interaktion mit ›intelligenten‹ Maschinen) (Glaubitz et al. 2011, S. 30; Schröter

---

[29]Dies kann man auch als Phase der »interpretative flexibility« beschreiben, in der ausgehandelt wird, wie eine neue Technologie in das alltägliche Leben integriert werden kann (Natale und Balbi 2014, S. 208).

[30]In dem Modell wird dies in Analogie zu Tsunamis als »Plurifikationslinien« bezeichnet.

2004b).[31] Als Gravitationszentren von imaginaries tradieren
die Faszinationskerne oft langlebige Utopien, sind aber auch
Anziehungspunkte für Ideologien (Jameson 2005).

Analysiert wird diese Spannung zwischen Utopie und Ideologie in dem Buch *L'Imaginaire d'Internet* des STS-Forschers
Patrice Flichy (2007a, S. 9).[32] Fichy veranschaulicht den Gegensatz in einem Modell, das wir hier übersetzt und leicht modi-
fiziert wiedergeben (Abb. 3.3).

Utopie: Der Zustand einer »Wendepunkt-Utopie« bezeichnet
die Phase, in der ein »catch-all object« dem Idealbild einer real
möglichen Technologie (als Futurible) modellhaft Ausdruck
verleiht (Flichy 2007a, S. 9). Diese Modelle können in einen
Zustand des »Experimentierens« überführt werden oder sie
werden Teil einer »phantasmagorischen Utopie« – einer Ver-
zerrung dessen, was machbar ist (Flichy 2007a, S. 10). Kommt
es zum Experimentieren, wird die Vermittlung in Richtung
größerer Gruppen von Adressaten notwendig. Diesem Zweck
dient das »Grenzobjekt« (Flichy 2007a, S. 10 f., b, S. 77 ff.).[33]
Die phantasmagorische Utopie ist dagegen das Ergebnis
technologischer Schwierigkeiten. Unrealistische Erwartungen,
uneingelöste Versprechen und enttäuschte Hoffnungen werden

---

[31]Die Verdichtung durch die Faszinationskerne wird im Tsunami-Modell
als ›sozio-technischer‹ Prozess gedacht. Im Anschluss an Bruno Latour
und die Akteur-Netzwerk-Theorie wird die Technik von vorneherein als
»stabilisierte Gesellschaft« (Glaubitz et al. 2011, S. 32 ff.) verstanden.

[32]Wir folgen hier der englischen Fassung (Flichy 2007a). Flichy stützt sich
dabei auf die Philosophie Paul Ricœurs. In Schröter (2004b) wurden dafür
die Begriffe »vertikale« und »horizontale Utopie« verwendet. Eine kritische
Durchsicht des Utopie-Begriffs mit Blick auf seine ideologischen Aspekte
findet sich in Frederik Jamesons »Archaeologies of the Future« (2005), zu
imaginaries und Ideologie siehe auch Steger (2008). Für eine kompakte Her-
leitung von Flichys Begriff von ›imaginary‹ siehe Flichy (2014, S. 698 ff.).

[33]Der Begriff der Grenzobjekte, der von Susan Leigh Star entwickelt wurde,
hat über die letzten Jahre viel Aufmerksamkeit erfahren. Flichys (2007a, b)
Adaption des Grenzobjekt-Begriffes wird der Komplexität des Konzeptes
nur bedingt gerecht. Siehe zur tiefergreifenden Fachdiskussion die Beiträge
in Leigh Star (2017).

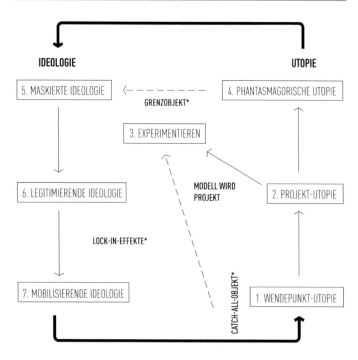

Abb. 3.3 Das Verhältnis von Utopie und Ideologie nach Flichy (Quelle: Eigene Darstellung nach Flichy, Patrice. 2007a. *The Internet Imaginaire*. Cambridge, MA & London: The MIT Press, hier 10)

zu einer möglichen Grundlage für Ideologie (Flichy 2007a, S. 10 f.). Die »maskierte Ideologie« ist der Zustand, dass Probleme der Technologie bewusst verschleiert werden (Flichy 2007a, S. 11). Die Utopie verliert ihren Sinn und wird durch andere Nutzungen des Mediums überschrieben. »Legitimierende Ideologien« schalten alternative Möglichkeiten aus, die zum gleichen Zeitpunkt bestehen (»Lock-in«-Effekte als enge Bindungen der Nutzer an ein Medium). Dennoch kontrolliert keine Einschränkung von Möglichkeiten jemals alle Akteure. In Abgrenzung von der Ideologie kann wieder eine neue Utopie entstehen (Flichy 2007a, S. 11).

Flichys Modell erschließt die Spannungen innerhalb von imaginaries (siehe auch Schröter 2004b, S. 282 ff.). Für die Vermittlung zukünftiger Möglichkeiten sind die Grenzobjekte besonders wichtig. Ihre Aufgabe ist es, ein für heterogene Adressatenkreise akzeptables Objekt herzustellen, ohne dass die Akteure ihre jeweiligen Interessen aufgeben müssen. Dazu werden ursprüngliche Utopien rund um das Objekt, die noch auf die frühe Wendepunkt-Utopie zurückgehen, rekonstruiert, dabei aber auch idealisiert und verzerrt. Die ursprüngliche Utopie des Catch-all-Objektes bildet einen unterschwelligen Vergleichspunkt für die Beurteilung des Grenzobjektes (Flichy 2007a, S. 11).

Im Einklang mit dem Tsunami-Modell zeigt Flichys Aneignung des Grenzobjekt-Begriffs: Jede Zukunft, die rund um die Möglichkeiten eines realen neuen Mediums imaginiert wird, steht in einer Tradition älterer Utopien und Ideologien. Als Medienprophezeiung war der HAL 9000 aus *2001: A Space Odyssey* ein Catch-all-Objekt für die KI-Forschung der 1970er-Jahre. Zugleich aktualisierte er den Faszinationskern ›Künstliche Intelligenz‹, der heute in Gestalt von verschiedensten KI-Grenzobjekten, z. B. dem Jeopardy!-spielenden »Watson« von IBM oder der »Alpha-Go«-KI aktueller denn je ist.

Grenzobjekte verbinden Akteure ganz unterschiedlicher Couleur, weil sie auf einer Grenze zwischen Schein und Sein, Illusion und Wirklichkeit, Vergangenheit und Zukunft stehen; sie sind öffentliche Objekte, in denen Möglichkeiten einer Technologie als mögliche gesellschaftliche Zukunft gesehen werden. Der HAL 9000 ist dafür ein kanonisches Beispiel aus einem kanonischen Medium. Wenn es aber um die Vermittlung neuer Technologien geht, ist der Science-Fiction-Film nur ein Vermittlungsmodus unter vielen. Eine weitere Vermittlungsform sind Demonstrationen und Präsentationen eines Mediums. Historische Vorbilder sind die ab 1851 abgehaltenen Weltausstellungen, in denen das technisch-wissenschaftliche Innovationspotenzial mit dem Zukunftspotenzial dieser Mächte der jeweiligen Nation in eins gesetzt wurde (Barbrook 2006; Kihlstedt 1986; Montfort 2017, S. 59 ff.). Wie wichtig ›public performances‹ für die imaginaries sind, die eine Identifikation eines neuen Mediums als einem ›Medium der Zukunft‹ leisten, zeigt die berühmte Präsentation des iPhones aus dem Jahr 2007.[34]

Einen Ansatz zur Analyse derartiger Präsentationen hat der STS-Forscher Wally Smith unter der Überschrift »Theatre of Use« vorgelegt. In der IT-Industrie dienen Demonstrationen dazu, Hardware und Software in Aktion zu zeigen. Sie führen vor einem heterogenen Kreis von Adressaten den Beweis, dass das Zusammenspiel funktioniert und nützlich ist (Smith 2009, S. 449). Das historische Vorbild sind öffentliche Vorführungen von wissenschaftlichen Experimenten (Smith 2009, S. 451 ff.).[35] Betrachtet man diese Vorführungen näher, ist nach Smith ein Unterschied zwischen der Art und Weise festzustellen, welche Bedeutung einem Experiment in der alltäglichen wissenschaftlichen Praxis zufällt und welche Bedeutung ein Experiment annimmt, wenn es öffentlich aufgeführt wird. Auf Grundlage der in der Soziologie etablierten Rahmenanalyse Erving Goffmans (1993) versteht Smith das als ein »Reframing«, also als Änderung eines Bezugsrahmens. Geht es in einem Labor-Experiment um die Repräsentation der Natur, so geht es in öffentlichen Demonstrationen um die Repräsentation der Möglichkeiten des technischen Apparates und des Experimentierens selbst (Smith 2009, S. 456). Nicht, was man in Zukunft über die Natur herausfinden könnte, steht im Fokus, sondern die *zukünftigen Möglichkeiten technologischer Machbarkeit* (Smith 2009, S. 453).

Einher geht mit dem Wechsel des Bezugsrahmens ein besonderer Moment der Evidenz – also der Einsicht, *dass* X der Fall ist. Die Zuschauer sehen die Möglichkeiten mit ihren

---

[34]Siehe zu imaginaries rund um ›Wireless‹ und ›Mobile Media‹ Natale (2014) sowie Wythoff (2013, S. 52 ff.).

[35]Eine öffentliche Inszenierung im Sinne eines »Theatre of Use« ist dabei noch einmal von der Dramaturgie öffentlicher Diskussionen um wissenschaftliche Empfehlungen und Berichte zu unterscheiden. Siehe dazu Hilgartner (2000).

eigenen Augen, erleben das Experiment als etwas Unmittelbares (Smith 2009, S. 452). Die Demonstration des mobilen Websurfens während der Präsentation des iPhones ist dafür ein gutes Beispiel. Apples CEO Steve Jobs demonstrierte kein ›richtiges‹ Websurfen, sondern veranschaulichte die Möglichkeiten des Websurfens mit dem neuen Medium. Die Zuschauer bekamen eine ›Probe‹ dessen geliefert, was man mit einem ›smart device‹ wie dem iPhone in Zukunft alles machen könnte (Smith 2009, S. 453).[36]

Die iPhones auf der Bühne des Jahres 2007 waren Grenzobjekte. Sie ließen für die Weltöffentlichkeit die Zukunft der Medien evident werden, die selbst vielen Apple-Ingenieuren unklar war. Glaubt man der zeitgenössischen Erinnerung an das Ereignis, waren die Geräte, die Steve Jobs während der Demonstration in den Händen hielt, quasi nicht funktionsfähig. Jedes Gerät konnte nur die Funktion, die demonstriert werden sollte. Sollte es etwas anderes machen, stürzte es ab. Überdies war auch die Fiktion mit auf der Bühne. Ideen wie der »Communicator« aus den *Star Trek*-Fernsehserien und Filmen fanden sogar direkt Eingang in die Terminologie,[37] bezeichnete Jobs die mobilen Webfunktionen des iPhones doch als die eines »Breakthrough Internet Communicator[s]« (Gartenberg 2017; Vogelstein 2013; Wired Staff 2017). Als Grenzobjekt kann ein Medium in der fiktionalen Narration als voll funktionsfähiges Objekt erscheinen. Ein Beispiel ist die Gestensteuerung des Interfaces in Steven Spielbergs Science-Fiction-Thriller *Minority Report* (USA 2002). Der Interface-Designer John Underkoffler hatte diese Technologie

---

[36]Der Philosoph Nelson Goodman nennt diese Art der Bezugnahme auf ein Objekt eine »Exemplifikation« (Goodman 1997, S. 57 ff.).

[37]Siehe zur Rolle des *Star Trek*-Franchises in der Geschichte des Computings Cuneo (2011), populärwissenschaftlich zu den Erfindungen in *Star Trek* auch Zitt (2014).

bereits als experimentellen Prototypen entwickelt.[38] In Spielbergs Film jedoch wurde das Interface als voll funktionsfähige
Technologie mit idealtypischen möglichen Nutzungsszenarien
veranschaulicht.

Auf derartige Phänomene bezieht sich der Begriff der
»diegetic prototypes« des STS-Forschers David Kirby
(2010, 2011, S. 193 ff.). Diegetische Prototypen sind in der
Narration vollständig funktionsfähige Objekte. Im Rahmen von
imaginaries mobilisieren sie »public support for potential or
emerging technologies by establishing the need, benevolence,
and viability of these technologies« (Kirby 2010, S. 18). Prototypen nur in der fiktiven Erzählung eines Films auftreten zu
lassen, hat für die Vermittlung eines neuen Mediums als Medium
der Zukunft klare Vorteile: Die fehlerfreie Funktion, aber auch
die Verwendungsmöglichkeit(en) der Objekte (etwa im Alltag)
werden dargestellt (Kirby 2011, S. 195).[39] Kirby (2011, Seitenzahlen nachfolgend in Klammern) fasst das so zusammen:

1. *Performative Artefakte:* Die Objekte sind »performative
   artifacts« (Lucy Suchman), welche die Möglichkeiten einer
   entstehenden Technologie demonstrieren (195).
2. *Soziale Kontextualisierung:* Die Objekte werden vom
   Narrativ in einem sozialen Kontext situiert, also z. B. mit
   einer User-Community assoziiert (S. 195 f.).
3. *Ideale Nutzungsszenarien:* Da die Handlung eines Films
   unbarmherzig voranschreitet, müssen die Objekte für ihre
   User einen idealtypischen Nutzen haben (196).

---

[38]Die Rolle von »science consultants« in Hollywood wird bei Frank
(2003) und Kirby (2003a, b) diskutiert, eine ausführliche Darstellung der
Beziehung zwischen Wissenschaft und Hollywood bietet Kirby (2011).

[39]Es könnte aufschlussreich sein, den Begriff der »diegetischen Prototypen«
einerseits in Richtung der Realität mit einer Ethnografie von Prototypen
(Suchman et al. 2002), andererseits in Richtung Fiktion mit einer Theorie
der Gedankenexperimente abzugleichen (Macho und Wunschel 2004; Steinmüller 1999). Vielleicht wäre es sogar sinnvoll, eine ›Alternative History‹
der imaginären Medien zu schreiben.

4. *Normalisierter Umgang:* Die Objekte werden als vollkommen normale Objekte und ihre Nutzung als vollkommen
   ›natürlich‹ dargestellt (196).
5. *Soziale Relevanz:* Die soziale Bedeutung der Objekte wird
   durch ihre normalisierte bzw. ›naturalisierte‹ Nutzung hervor-
   gehoben und/oder charakterisiert (196).
6. *Realer Bedarf:* Die Technologie wird so gerahmt, dass durch
   den Film ein realer Bedarf an diesen Objekten geweckt wird
   (196).[40]

Kirby steht in der gleichen Tradition wie Smiths »Theatre of
use«, versucht aber den »move towards the public« (Kirby
2003b, S. 235) als eine Bewegung im fiktionalen Film nachzuvollziehen. Der dem Film eigene Bezug zur Realität, also
Realität visuell und auditiv zu zeigen, verleiht dem Medium
eine spezifische Evidenz, die in die Lücke springt, die
Demonstration eines Experiments nicht mit eigenen Augen
gesehen zu haben (Kirby 2003b, S. 236 ff.). Bei diesen
Inszenierungen ist wiederum der populäre Science-Fiction-
Film sehr wichtig. Science-Fiction-Filme sind Technologie-
träger und Reflexionsmedien des sich vollziehenden medialen
Wandels (Spiegel 2007; Weber 2008). Filme wie *The Matrix*
(USA 1999, Wachowski-Brüder) sind »Wunschmedien«, die in
einem doppelten Sinne als »Projektion[en] von Medientechnik«
(Weber 2008, S. 29 ff., hier 32) zu betrachten sind. Sie stellen
neue Medientechnik dar und demonstrieren sie zugleich. Die
»essence« von Science-Fiction-Filmen liegt damit aber nicht
allein auf der Fortschreibung des Technologischen, sondern, wie
die Filmtheoretikerin Vivian Sobchack (2004) herausgearbeitet
hat, auf der »technological imagination« einer möglichen
Zukunft in ihrer ganzen Breite, inklusive aller sozialen Utopien
und körperlichen Affekte.

---

[40]In Schröter (2004b, S. 31) werden unter Bezug auf Friedrich Kittler
massenmediale Texte zu neuen Medien als »Gebrauchsanweisungen«
beschrieben.

3.4   ›Premediation‹ – Zukünftige Medien als Medien der Zukunft

Die Bedeutung von öffentlicher Demonstration und Vorführung erinnert an eine Bedeutungsfacette von ›Imagination‹, die sich im Deutschen findet: ›Vorstellung‹ ist nicht nur ›imaginativ‹, sondern auch ›präsentativ‹: Wer ›vorstellt‹, der führt etwas und/oder sich vor. Diese Präsentation ist eine notwendig *mediale:* Was zieht man an? Wie spricht man? Welche Bilder zeigt man? Welche Musik wird gespielt? Dies führt uns zum Abschluss des Kapitels zur schwierigen Frage der *Medialität von Imagination.*[41]

Dass imaginaries einen Einfluss auf die Wahrnehmung neuer Medien als zukünftige Medien haben, sollte deutlich geworden sein. Doch muss man die Frage nicht auch umdrehen? Was ist mit dem Einfluss von Medien und Medienwandel auf die Imagination? Inwiefern geht es nicht nur um die Imaginationen neuer Medien *als* zukünftige Medien, sondern auch um *zukünftige Medien als Bedingungen der Imagination neuer Medien?*

Der Medienphilosoph Vilém Flusser hat zu dieser Frage unter dem Schlagwort »Technoimagination« Überlegungen angestellt. In seinem Essay *Eine neue Einbildungskraft* (1990) postuliert Flusser, dass Medienumbrüche wie die Erfindung der Schrift auch zu einem Wandel auf der Ebene der Imagination führen. Seine These: Neue Medien führen zu neuen Formen der Imagination. Flusser folgt der Überlegung, dass die Imagination – wie alle Kognition – nicht nur in den Köpfen stattfindet, sondern in die Welt verflochten ist (Walter 2014). Die Imagination ist über Medien ›externalisiert‹ und sozial vermittelt. Beispiele dafür liefern alltägliche Phänomene, sogenannte ›Medienwechsel‹. Wird ein komplexer Sachverhalt sprachlich erklärt, dann kann man ihn sich oft nur schwierig vorstellen. Erst ein Bild oder Diagramm vermittelt dann eine Vorstellung. Vice versa stellen

---

[41]Siehe zur Debatte um das Verhältnis von Medien und Imaginärem auch Pfeiffer (1999).

Bilder oder Diagramme oft Objekte dar, von denen man sich
ohne sprachlich vermittelten Kontext eine völlig falsche Vorstellung macht.

Für Flusser ist Imagination die Fähigkeit, »Bilder zu
machen«. Wie die frühen Höhlenmalereien illustrieren, dienen
diese Bilder der bewussten Vorplanung und der symbolischen
Repräsentation. In Beziehung zu einem vierdimensionalen Sachverhalt werden Repräsentationen auf einer zweidimensionalen
Fläche gespeichert und dann als Modelle für den Sachverhalt ›bearbeitet‹ (interpretiert etc.) (Flusser 1990, S. 116). Die
Bedeutung der gespeicherten Repräsentation ergibt sich aus
Codes. Diese Codes regulieren, wie man die zweidimensionalen
Bilder wahrnimmt (Flusser 1990, S. 117). Gerade bei Bildern
bleibt diese Bedeutung allerdings höchst uneindeutig (Flusser
1990, S. 118). Als Reaktion auf diese Mängel des bildlichen
Codes kommt es nach Flusser zur Erfindung der Schrift. Die
Schrift entzerrt die Bilder, bringt sie auf ›Linie‹ (Flusser
1990, S. 119). Mit der Schrift gehen neue Möglichkeiten zur
Imagination einher. Kritisches Denken, methodische Verfahren, kausale Erklärungen – all das sind Praktiken, die durch
die Linearität der schriftlichen Codes ermöglicht werden. Die
Schrift erlaubt es, Objekte identifiziert und sequenziell (statt
simultan) ›vorzustellen‹ (Flusser 1990, S. 129).

Folgt die Schrift auf das Bild, so folgt die Ära der Computer
auf die Schrift. Der Computer führt die Kritik am ›Bilder-
machen‹ zu Ende. Flusser vermerkt: »Will man die Bilder
radikal kritisieren, dann muß man sie analysieren. Die heraus-
gerissenen Bits formal prozessieren, anstatt sie nach voraus-
gesetzten linearen Strukturen zu ordnen. Man muß sie
›kalkulieren‹« (Flusser 1990, S. 120). Obwohl der für dieses
formale Prozessieren verantwortliche »alphanumerische Code«
ursächlich der Schriftkultur entstammt, erlebt er in Verbindung
mit programmierbaren Rechenmaschinen seinen Durchbruch.
Infolgedessen verändert sich die Imagination erneut, eine »neue
Einbildungskraft« entsteht (Flusser 1990, S. 122).

Diese »Technoimagination« (Flusser 1998, S. 209 ff.) beruht
auf Praktiken des »Komputierens«; ihr Medium sind »Technobilder« (Flusser 1998, S. 171 ff.): »Die erste Art von Bildern

vermittelt zwischen dem Menschen und seiner Lebenswelt, die zweite Art [gemeint sind die Technobilder, CE/JS] vermittelt zwischen Kalkulationen und ihrer möglichen Anwendung in der Umwelt« (Flusser 1990, S. 123). Das »Komputieren« ist »nicht abstrahierend, rückschreitend, sondern im Gegenteil konkretisierend, projizierend« (Flusser 1990, S. 123). Die Folgen dieses Medienumbruchs sind erheblich: Es gilt, »alle unsere linearen, historischen Kategorien [...] aufs Spiel zu setzen und neue Kategorien auszubilden. [...] Zum Beispiel nur: wir müssen lernen, auf Kausalerklärungen zugunsten von Probabilitätskalkülen und auf logische Operationen zugunsten von Propositionskalkülen zu verzichten« (Flusser 1990, S. 126).

Diese skizzenhaften Ideen liefern wichtige Denkanstöße. Die Philosophin Sybille Krämer (2005) hat umfangreiche Überlegungen zu dieser operationalen bzw. operativen Dimension der Schrift angestellt. Die Beispiele in Flussers Essay sind in auffälliger Weise der Wissenschaft entlehnt (methodisches Vorgehen, kausale Erklärung etc.). Überraschend ist das nicht. Die wissenschaftliche Verfertigung von Wissen ist ein Bereich, der in besonderem Maße von (medien-)technologischem Wandel abhängig ist. Die Erfindung von Instrumenten und Apparaten verändert die Wissenschaft und erschüttert Weltbilder. Die Erfindung des Teleskops demonstrierte der Neuzeit, dass das uns umgebende Universum größer ist als das, was man mit bloßem Auge wahrnehmen konnte (Vogl 2001).

Was Flusser Ende der 1980er-Jahre als »konkretisierend[e], projizierend[e]« Suche nach »Probabilitätskalkülen« bezeichnet, ist in den »Computational Sciences« heute Realität (Gramelsberger 2011). Computersimulationen führen zu Projektionen im Modus des Futur II (›etwas wird gewesen sein‹), die in Form von »Prospektion« und »Alteration« auftreten (Gramelsberger 2016, S. 76): Statt zuerst im Labor zu experimentieren und die Ergebnisse mit bestehenden Theorien abzugleichen (das wäre ein Denken aus der Ära der Schriftkultur), werden in Simulationen erst zukünftige Zustände vorhergesagt (Prospektion) und die Veränderungen eines Zustands seiner »Möglichkeit nach« durchgespielt (Alteration) (Gramelsberger 2016, S. 76). Die beobachteten Zustände werden ›schon gewesen sein‹, bevor – wenn überhaupt – ein ›reales‹ empirisches Testen beginnt. Wie bereits die Computersimulation in den Think-Tanks der RAND-Cooperation in den 1960er-Jahren, verfügt die »epistemische Kultur« (Gramelsberger 2016, S. 76)[42] der »Computational Sciences« über erhebliche Strahlkraft über die Grenzen der Wissenschaft hinaus.

Anhand von Steven Spielbergs *Minority Report* aus dem Jahr 2002, der auf einer Kurzgeschichte von Philip K. Dick aus dem Jahr 1956 beruht, lässt sich dies gut zeigen. *Minority Report* entwirft das Szenario einer Medienkultur, in der es möglich ist, Morde vorherzusagen (»Precrime«). Die Vorhersage dieser zukünftigen Zustände erfolgt in dem Film allerdings nicht durch Computer, sondern durch drei kindliche »Precogs« (für Prä-kognitionen). Diese Kinder sind das, was früher Orakel, Seher oder Propheten waren, also Menschen, die behaupten, in die Zukunft ›sehen‹ (engl. ›Foresight‹) zu können (Behr 2007). Was hat das mit »Computational Sciences« zu tun?

Die »Precogs« verweisen auf den sogenannten spiritistischen Medienbegriff. Als ›Medien‹ werden seit dem 19. Jahrhundert Menschen bezeichnet, die behaupten, einen ›Kanal‹ zur Geister-welt der Verstorbenen eröffnen zu können (Hahn und Schüttpelz 2009). Zu dieser Zeit war die Medienlandschaft im Umbruch. Medien wie die Fotografie, der Film, das Grammophon oder die Telegrafie erlaubten plötzlich die Präsenz ›geisterhafter‹ Kommunikationen (Sconce 2004). Um das Jahr 2002, also das Erscheinungsjahr von *Minority Report,* ist die Lage natürlich eine andere: Personal Computer, Laptops und Mobiltelefone sind Alltag, das WWW hat sich Anfang der 2000er-Jahre als All-tagsmedium durchgesetzt, Social Media (›Web 2.0‹) gelten als ›next big thing‹. Doch *Minority Report* ist Science-Fiction; neue Medien werden in einem (nah-)zukünftigen Zustand gezeigt. Dazu greift der Film auf Imaginationen einer Ära *nach* dem Personal Computer zurück, die in den 1990er-Jahren entwickelt

---

[42]Der Begriff der »Epistemé« geht auf den Philosophen Michel Foucault zurück und beschreibt die Wissensordnung einer Epoche (Foucault 1988, S. 24 f.).

DIE WICHTIGSTEN TRENDS DER COMPUTERENTWICKLUNG	
MAINFRAME	VIELE USER TEILEN EINEN COMPUTER
PERSONAL COMPUTER	EIN COMPUTER, EIN USER
INTERNET – VERTEILTES COMPUTING	...ÜBERGANG ZU...
UBIQUITOUS COMPUTING	VIELE COMPUTER, DIE VON VIELEN VON UNS VERWENDET WERDEN

Abb. 3.4 Trends der Computerentwicklung nach Weiser und Brown (Quelle: Eigene Darstellung nach Weiser, Mark/Brown, John Seely. 2015. Das kommende Zeitalter der Calm Technology. In *Internet der Dinge. Über smarte Objekte, intelligente Umgebungen und die technische Durchdringung der Welt,* Hrsg. Florian Sprenger und Christoph Engemann, 59-71. Bielefeld: transcript, hier 59)

wurden. Das Schlagwort lautet »Ubiquitous Computing«, kurz ›Ubicomp‹ (Weiser 1991; Weiser und Brown 2015) (vgl. Abb. 3.4).

Imaginiert wurden mit diesem Schlagwort neue Medien wie Tablets, die mit Gestensteuerung funktionieren, und die Vernetzung nicht nur auf der Ebene sozialer Relationen, sondern von materiellen Objekten in einem Internet der Dinge. In einem Text mit dem prophetischen Titel *Das kommende Zeitalter der Calm Technologies* aus dem Jahr 1997 beschreiben die Computerwissenschaftler Mark Weiser und John Seely Brown eine Zukunft allgegenwärtiger Computer, die aber ›ruhig‹ (»calm«) im Hintergrund bleiben. Mit einem Schaubild illustrieren sie vier Epochen des Computings und bemerken: »Die dritte Welle stellt das Zeitalter des Ubiquitous Computings dar. Der Übergang vom PC wird zwischen 2005 und 2020 geschehen« (Weiser und Brown 2015, S. 61).

Die Einschätzung war die Erwartung einer klassischen »proximate future«, also Nahzukunft (Bell und Dourish

2006, S. 134 f.). Vom Ubicomp kann man sagen, dass es –
wenn auch nicht ganz so, wie erwartet – Realität geworden
ist und die Medienrealität von »Touchscreens«, »Wearables«
und »Tangibles« beschreibt (Robben und Schelhowe 2012).[43]
Das Schaubild von 1997 führt vor Augen, wie das alte
imaginary eines neuen Kommunikationsmediums, das wir
am Beispiel von *Piazza virtuale* für das Jahr 1992 vorgestellt
haben, weitergedacht wird. Ubicomp ist eine Ära, in der »[v]
iele Computer, die von vielen von uns verwendet werden«,
existieren – wie schon 1992 finden wir eine soziale Vision eines
Kommunikationsmediums.

Doch es gibt erhebliche Unterschiede. Ubicomp gilt als die
Überwindung der Ära der PCs durch das Versprechen einer
Erweiterung von Netzwerk-Medialität. Dass viele Menschen
mit vielen Computern interagieren, ist nur ein oberflächlicher
Punkt. Infrastrukturell setzt Ubicomp voraus, dass gleichzeitig
viele Computer mit vielen Computern kommunizieren. Die
Erweiterung von Digitalisierung in die materielle Welt, also
das Internet der Dinge, ist hier impliziert. Weiser und Brown
markieren dies, indem sie das »Internet« (im Sinne des WWW)
als eine Übergangstechnologie betrachten. Soll die soziale
Vision von Ubicomp real werden, muss das Internet der Dinge
real werden (Greengard 2015; Sprenger und Engemann 2015b).

Die Digitalisierung der Medien ist dabei kein Thema mehr.
Die zukünftigen neuen Medien definieren sich nicht über den
Bezug des Computers zu anderen Medien. Sie orientieren sich
an der Geschichte des Computings. Als Leitbild und Technik-
zukunft nimmt Ubicomp die Ära »nach der Revolution« vorweg.
Minority Report greift diese Vorstellung 2002 auf, präzisiert
sie aber durch den metaphorischen Verweis auf die Kultur der
Computational Sciences (›Precogs als Vorhersagemedien‹).
Die Precogs in *Minority Report* sind von hochmodernen Inter-
faces umgeben, so haben sie z. B. Brain-Computer-Interfaces am

---

[43]Vgl. deutlich kritischer dagegen Bell und Dourish (2006) und Dourish und
Bell (2011).

Kopf. Das wichtigste Interface aber ist der diegetische Prototyp der gestengesteuerten »Holosphere«.[44]

Dieses Interface hat die gestenbasierten Interfaces in der iPhone-Präsentation 2007 stilprägend präfiguriert, also die Akzeptanz des neuen Touchscreen-Interfaces des iPhones maßgeblich beeinflusst. Es dient dazu, die Gedanken der Precogs zu extrahieren, zu repräsentieren und für die Interpretation zugänglich zu machen. Welche ›mediale‹ Fähigkeit es den Precogs genau erlaubt, die Zukunft zu ›sehen‹, ist dabei letztlich irrelevant. Wichtig ist nur, dass die Fähigkeit, soziale Zustände in der Zukunft vorherzusagen, im Film in einer nahzukünftigen medienkulturellen Lage spielt, in der Computer und körpernahe Interfaces (sogenannte Natural-User Interfaces und Brain-Computer Interfaces) ubiquitär sind und der Staat über weitreichende Überwachungsmöglichkeiten verfügt (»Precrime«).

Minority Report kombiniert also die Imagination einer 2002 zukünftigen Medienkultur des Ubicomp mit der aus den 1960er-Jahren überlieferten Idee, *dass zukünftige Medien solche Medien sind, die die Zukunft selbst vermitteln.* Eine Phase der Digitalisierung, die anhand von *Piazza virtuale* mit dem Begriff der »Remediation« analysiert wurde, ist in einen Zustand der »Premediation« übergegangen. Dieser Begriff des Medientheoretikers Richard Grusin ist, wie er sagt, »not to be confused with prediction. Premediation is not about getting the future right, but about proliferating multiple remediations of the future« (Grusin 2010, S. 4). Diese abstrakte ›Proliferation multipler Remediationen der Zukunft‹ bedeutet für Grusin, dass Medien 1. ihre eigenen zukünftigen Formen und Technologien bestimmen; 2. zukünftige Ereignisse und affektive Zustände präfigurieren; 3.

---

[44]Wirklich klar ist der Name des Mediums im Film nicht. Die »Holosphere« wird im Film als Aufzeichnungsmedium der Visionen der Precogs dargestellt, ist aber auch ein treffender Begriff für den »transparent holospheric screen« (Golańska 2009, S. 175) des Interfaces. Siehe auch Mehnert (2019, S. 56 f.).

die Aktionen ihrer Netzwerke in die Zukunft ausdehnen (Grusin 2010, S. 6).

Doch was ist daran neu? Dass Medien ihre eigene Zukunft vorwegnehmen, kann es jedenfalls nicht sein. Medien sind in der Lage, sich selbst und andere Medien sowie ihre Zustände zu ›denken‹ (entwerfen, reflektieren). Gerade am Beispiel des Films ist das sehr gut zu beobachten (Engell 2003, 2014; Kirchmann und Ruchatz 2014). Die Crux ist der dritte Punkt: *Minority Report* zeigt eine dichte Vernetzung der digitalen Medien mit dem Körper und unseren alltäglichen Praktiken. Die digitalen Netzwerke ragen nicht mehr ›nur‹ in der Fiktion (also dem Science-Fiction-Film), sondern in der Realität in die Körper, die Gedanken und die Materie.[45] Diese Vernetzung digitaler Zeichen und Informationsverarbeitung in die verkörperten sozialen Praktiken und die umgebenden materiellen Realitäten ist etwas qualitativ Neues, das zu jener ›multiple[n] Remediation von Zukünften‹ führt, die auf allen denkbaren Niveaus möglicher Zukünfte verortet sind.

Zu beobachten ist dieses Ausgreifen der Netzwerke anhand der Verknüpfung von Medien und Künstlicher Intelligenz. In den 2000er-Jahren haben sich die technologischen Grundlagen von KI erheblich gewandelt. KI wird heute auf Grundlage von »Machine Learning« in »Künstlichen Neuronalen Netzen« (KNN) realisiert (Engemann und Sudmann 2018). In den 1960er-Jahren war dieses Prinzip bekannt, technisch aber unmöglich. Entwickeln konnten sich KNN, seit durch die Nutzung vernetzter ›smart devices‹ gigantische Datenmengen anfallen (Ernst et al. 2019).

Die Wechselwirkung ist offensichtlich: Umso mehr Daten durch die Nutzung anfallen, um so ›smarter‹ können die ›Services‹ der Medien sein. Diese Entwicklung treibt die Innovation von Medien voran. Das Paradigma der Imagination dieser ›Smartness‹ ist es, zukünftige Zustände zu antizipieren.

---

[45]In der Wissenschaftsphilosophie spricht man z. B. von einer »Semiotisierung des Materialen« durch das Medium des 3-D-Druckers (Gramelsberger und Alpsancar 2015, S. 60 ff.).

Die digitalen Medien entwerfen sich in die Zukunft, indem sie die Zukunft selbst »mediatisieren«.[46] Als Faustformel des ›media imaginaries‹ rund um die neuen »Medien des 21. Jahrhunderts« (Hansen 2011) können wir deshalb festhalten: *Zukünftige neue Medien sind Medien der Zukunft*.[47] Die Faszinationskerne ›Netz‹, ›Simulation‹ und ›Künstliche Intelligenz‹ sind in diesem imaginary klar erkennbar:

1. *Kommunikation und Infrastruktur:* Ubiquitäre digitale Medien und das Internet der Dinge (›Netz‹) liefern in allen Bereichen der ›digitalen Gesellschaft‹ die nötigen Datenmengen (Faszinationskern ›Netz‹), weil menschliche Kommunikation eng mit maschineller Kommunikation interagiert.
2. *Zeichen und Informationsverarbeitung:* Eine Epistemologie, die strukturell ähnlich zur Prospektion und Alteration in den Computational Sciences verfährt, greift als Technologie der ›Zukunftsvorhersage‹ gesellschaftsweit um sich (Faszinationskern ›Simulation‹).
3. *Praktiken und Handlungen:* ›Machine Learning‹ auf Basis von Künstlichen Neuronalen Netzen ist diejenige Technologie, welche die Auswertung der Daten möglich macht und parallel eine Technikzukunft ›autonom‹ agierender intelligenter Maschinen hervorbringt (Faszinationskern ›Künstliche Intelligenz‹) (Natale und Ballatore 2017).

---

[46]Der Begriff ist in der Medienwissenschaft gängig. Wir verwenden ihn hier aber nicht im Sinne einer spezifischen Schule der ›Mediatisierungsforschung‹. Siehe dazu Hepp (2014).

[47]Dieses Phänomen wird gegenwärtig in ganz unterschiedlichen Kontexten beobachtet, siehe im Kontext von Ethno- und Afrofuturismus die stark durch Autoren wie Jean Baudrillard inspirierten Bemerkungen zu »Auto-Realisierung« und »Hyperstition«. Die Grundidee ist, dass wir Phänomenen gegenüberstehen, die »sich selbst – und zwar aus der Zukunft – real werden lassen […]: Hyperstitions verweisen darauf, dass Zukunft möglicherweise vor der Gegenwart stattfindet« (Avanessian und Moalemi 2018, S. 15 f., hier 16).

Muss man angesichts dieser Lage zurück zu Jean Baudrillard und seiner Diagnose der »Simulation«, zurück also in die Postmoderne? Die Frage ist legitim, und doch ist Baudrillards Denken, wie die Philosophin Petra Gehring (2018, S. 71) feststellt, heute zugleich »hellsichtig und anachronistisch«. Warum? Weil Baudrillard immer wieder an einem zu einfachen Imaginationsbegriff festgehalten hat, in dem Imagination ein Kampf zwischen »Schein und Sein« ist. Der breiter angelegte Imaginationsbegriff von Castoriadis hätte hier andere Wege weisen können. Castoriadis' Denken war ein Teil der Postmoderne-Debatte um 1990 (Rötzer 1987), wurde prominent rezipiert (Habermas 1988, S. 380 ff.; Iser 1991, S. 350 ff.; Waldenfels 1996), blieb aber randständig. Der Vermutung aus den STS, dass Kritik heute mehr denn je eine *Kritik der Imagination* sein muss, kann man aber folgen.

In dem Podcast *Future Histories* von Jan Groos findet sich ein Interview mit dem Soziologen Richard Barbrook über dessen Buch *Imaginary Futures* (Barbrook 2007; Groos und Barbrook 2019). Gegen Ende des Interviews (00:38:15) ist – inspiriert durch den Text »Digital Socialism« von Evgeny Morozov (2019) – die Rede von der Kapitalisierung der Daten, die aus den Feedback-Loops digitaler Medien entstehen, die bei der Nutzung anfallen (Schröter 2017). Diese Loops zielen, so Barbrook, auf ein immer schon kollektives, also *soziales,* implizites »embedded knowledge« alltäglicher Nutzungspraktiken, das, wie Barbrook bemerkt, in der gigantischen Menge an Suchanfragen steckt, über die Alphabet (als Mutterkonzern von Google) verfügt. Will man sich die ›Zukünfte‹, die wir – wie Castoriadis und Rescher zeigen – unweigerlich in der Praxis hervorbringen, wieder aneignen, dann muss man dieses Wissen reklamieren und die Welt der digitalen Medien so umgestalten, dass dieses kollektive implizite Wissen nicht zentralisiert bei spezifischen Interessengruppen verbleibt.[48]

---

[48]Siehe zu Fragen der Medialität und Explizierbarkeit impliziten Wissens am Beispiel von Interfaces auch Ernst (2017a), Ernst (2017b), zur Ökonomisierung dieses Wissens Schröter (2017).

Deshalb geht Ubicomp auch durch das WWW gleichsam ›hindurch‹: ›Social Media‹ kreieren die Vernetzungen, in denen die Datenmengen anfallen, die Zukünfte ›berechenbar‹ machen. In dieser Lesart wird über die ›Zukünfte‹ dort entschieden, wo über entsprechende Interfaces das Verhältnis von Medien zu einem alltäglichen »impliziten Wissen« – sei es das Wissen um soziale Interaktion, sei es körperliches Wissen – definiert wird (Ernst und Schröter 2017). Imaginaries rund um Zukünfte wie diese kritisch gegenzulesen, ist die Aufgabe des letzten Kapitels.

Zukünfte digitaler Medien

4

4.1 Interaktives Fernsehen oder: War *Piazza virtuale* ein soziales Medium?

Das interaktive Fernsehprojekt *Piazza virtuale* der Künstlergruppe Van Gogh TV aus dem Jahr 1992 haben wir als ein Beispiel für die Suche nach einem zukünftigen Kommunikationsmedium in den frühen 1990er-Jahren ausgewählt. Die Zukunft wurde in dieser Zeit in einem interaktiven Fernsehen gesehen.[1]

Piazza virtuale war der Versuch, die Strukturen des Fernsehens aus dem Fernsehen heraus zu erneuern. Die ›Virtualität‹, um die es dem Projekt ging, war – wie die Gruppe Van Gogh TV verschiedentlich betonte –, nicht die Idee ›virtueller Realität‹ im Sinne einer 3-D-Immersion in einem computergenerierten Raum,[2] sondern eine Virtualisierung des Fernsehens durch die Möglichkeiten digitaler Medien, also z. B.

---

[1]Einen Einblick in die Geschichte des interaktiven Fernsehens geben Jensen und Toscan (1999), Todtenhaupt (2000) und Boddy (2004, S. 136 ff.).

[2]Siehe dazu direkt aus dem Kontext von Van Gogh TV Heidersberger (1991), einführend aus heutiger Sicht Greengard (2019). Zu ›virtueller Realität‹ siehe auch Schröter (2004b, S. 152 ff.).

© Springer Fachmedien Wiesbaden GmbH, ein Teil von Springer Nature 2020
C. Ernst und J. Schröter, *Zukünftige Medien,*
Medienwissenschaft: Einführungen kompakt,
https://doi.org/10.1007/978-3-658-30059-3_4

die Zwischenschaltung eines virtuellen Telefon-Interfaces, das vom heimischen Telefon aus bedient werden konnte. Als Kunstprojekt im Rahmen der Documenta IX-Kunstausstellung hatte das Projekt die Lizenz zum Experimentieren. Auf der Bühne stand ein »Theatre of Use«, das auf soziale Interaktion zielte. Exemplifiziert wurde, was als interaktives Fernsehen das ›neue‹ Leitmedium der Zukunft sein könnte. 100 Tage lang für 700 Stunden innerhalb der öffentlich-rechtlichen Strukturen ausgestrahlt, war das Projekt geeignet, den Verantwortlichen der Sendeanstalten kalten Schweiß auf die Stirn treten zu lassen. Dem Publikum den Rollenwechsel von Zuschauern zu ›Usern‹ *live* zu ermöglichen, war ein neues Maß an Interaktivität.

Die Hoffnung, eine zukunftsträchtige Form von Massenmedium gefunden zu haben, war nicht unbegründet. Die Debatte, ob Interaktivität der Schlüsselbegriff für das »Fernsehen der Zukunft« wie auch »die Zukunft des Fernsehens« (Jensen und Toscan 1999) sein würde, war bis Ende der 1990er-Jahre aktuell. Danach war das Phänomen ›interaktives Fernsehen‹ dahingehend historisch, dass technische Innovation – und folglich Zukunftspotenzial – nicht mehr mit dem Fernsehen assoziiert wurde. Das WWW hatte sich etabliert und stand vor einer Transformation. Um das Jahr 2003 tauchte erstmals der Werbebegriff »Web 2.0« auf. Kurze Zeit später folgten die bis heute gebräuchlichen Begriffe »Soziale Netzwerke« und »Social Media« nach. *Piazza virtuale* war vergangene Zukunft.

Wie Simone Natale und Gabriele Balbi zeigen, beziehen sich imaginaries nicht nur auf die viel diskutierten ›neuen Medien‹, sondern bilden sich auch rund um alte Medien. Als ›alte Medien‹ gelten den Autoren »those media whose institutional, social, and cultural position is fully developed and established« (Natale und Balbi 2014, S. 209 ff., hier S. 210). Typische Themen dieser imaginaries sind das vorhergesagte Verschwinden des Mediums sowie nostalgische Erinnerungen an eine zukünftig vergangene Medienepoche (Natale und Balbi 2014, S. 210). Der

Ansatz ist nicht falsch. Er hat aber einen blinden Fleck.[3] Was ist mit imaginaries, die sich auf Medien beziehen, die sich nie institutionalisiert haben? Am Beispiel von *Piazza virtuale* ist das schön zu erkennen.

Piazza virtuale ist fraglos ein altes Medium. Es passt aber nicht in das Schema von Natale und Balbi. Wie vergleichbare Konzepte eines interaktiven Fernsehens ist auch *Piazza virtuale* niemals institutionalisiert worden. Im Bild des Tsunami-Modells war *Piazza virtuale* ein Vorbeben vor dem großen Beben (dem WWW). Folgt daraus aber, *ex post* betrachtet, dass *Piazza virtuale* als diese vergangene Zukunft keine Relevanz mehr hat und nur noch ein Fall für Geschichtsbücher ist? Letzteres mag der Fall sein, ändert aber nichts an der Relevanz. Weil sich die Verbindung zwischen einem ›neuen Medium‹, in diesem Fall *Piazza virtuale,* mit der ›möglichen Zukunft‹, dass interaktives Fernsehen die Zukunft ist, nicht institutionell durchgesetzt hat, folgt daraus nicht, dass die Idee selbst irrelevant geworden ist. Doch worin liegt die Relevanz einer solchen vergangenen Zukunft für die Gegenwart?

Piazza virtuale hatte Anfang der 1990er-Jahre einen Wunsch nach ›Interaktion‹ demonstriert, die das Projekt – aus heutiger Sicht – in die Vorgeschichte von »Social Media« einzureihen scheint.[4] Als im Jahr 2004 die Idee des interaktiven Fernsehens

---

[3]Natale und Balbis Theoriemodell folgt einem »Source-Path-Goal«-Schema (Lakoff 1987, S. 275): Medien befinden sich auf einem ›Weg‹, für den Wegpunkte angegeben werden können, die das Medium während seiner Institutionalisierung passiert und dabei an Möglichkeiten hinzugewinnt oder verliert. Die Geschichte endet damit, dass das institutionalisierte Medium ›alt‹ ist. Diesem Modell liegt ein versteckter Platonismus zugrunde. Entworfen wird ein Szenario, in dem sich Medien aus einem Raum der ›Ideen‹ heraus schrittweise, wofür dann oft der Begriff ›Evolution‹ eingesetzt wird, in die Institutionalisierungen ›entfalten‹. Siehe hier auch das Modell des Medienwandels von Winston (1998, S. 1 ff.).

[4]Das ist eine These, die im Rahmen des DFG-Forschungsprojektes »Van Gogh TV. Erschließung, Multimedia-Dokumentation und Analyse ihres Nachlasses« (Prof. Anja Stöffler, Hochschule Mainz, Prof. Dr. Jens Schröter, Rheinische Friedrich-Wilhelms-Universität Bonn), diskutiert wird. Siehe http://vangoghtv.hs-mainz.de (Zugegriffen: 24. Januar 2020).

ihr Neuigkeitsversprechen verloren hatte und die Sozialen
Medien am Horizont standen, wurde der Begriff der Interaktivität (Bieber und Leggewie 2004; Mechant und Looy 2014)
als Schlüsselbegriff für Phänomene »soziale[r] Emergenzen«,
»skalenfreie[r] Netzwerke« und neuer »Verknüpfungskulturen«
gedeutet – also auf die damals bevorstehende Ära der Netzwerk-
medien hin ausgerichtet.[5] Für sich genommen war das plausibel.
›Interaktivität‹ gehört in die Vorgeschichte der Sozialen Medien
und wird auch von den Künstlern von Van Gogh TV bereits 1992
quasi synonym mit ›Netzwerk‹ gebraucht. War *Piazza virtuale*
also ein Facebook *vor* Facebook, ein Twitter *vor* Twitter, ein
YouTube *vor* YouTube?

Solange mit ›Sozialen Medien‹ die Medien gemeint sind, die
sich um 2005 herum aus sozialen Netzwerken heraus entwickelt
haben, kann davon keine Rede sein. Analogien auf der Ebene
der Nutzung des damaligen Mediums, wie z. B. das Auftauchen
von Trollen auf der virtuellen Piazza machen noch kein ›Soziales
Medium‹. Soziale Medien setzen erstens die Möglichkeiten
voraus, die sich aus der Netzwerkförmigkeit der Kommunikation
im Internet ergeben. Zweitens beruhen sie auf einer umfassenden
Speicherung von Daten, also auf sehr großen Datenbanken.
Drittens werden Informationen in Sozialen Medien entlang
der graphentheoretischen Modellierung sozialer Relationen
(sogenannte ›Social Graphs‹) organisiert. Nichts davon war bei
Piazza virtuale gegeben. Auch Anlass zu der Vermutung, eine
noch ausstehende zukünftige Erfindung könne das ›eigentliche‹
Potenzial des Projektes dereinst noch realisieren, gibt es nicht.
Piazza virtuale ist ein unwiederbringlich ›altes Medium‹. Die
Technologien sind erfunden und die Praktiken bekannt.

Hier sei aber auch an Castoriadis' Definition des radikalen
Imaginären erinnert. Das radikale Imaginäre ist stets ein
›Fremdes‹ und ›Anderes‹, aber auch ›Vergessenes‹ gegenüber
dem, was als zentrales Imaginäres die dominante Form der

---

[5]Diese Stichworte sind den Titeln verschiedener Beiträge des instruktiven
Sammelbandes von Bieber und Leggewie (2004) entnommen.

Imagination einer Zeit ausmacht. Nach dem oben skizzierten Schema sind imaginaries nur die Spitze eines Eisbergs sozialer Imaginationsprozesse. Wenn das durch *Piazza virtuale* repräsentierte imaginary ›Interaktives Fernsehen als Zukunftsmedium‹ obsolet geworden ist, dann tritt hervor, dass die vergangene Zukunft alter Medien in ihrer obskuren Form auch eine andere Zukunft war. Nicht selten verbergen sich historisch weit zurückreichende Utopien in dieser Andersheit.

Als formale Eigenschaft digitaler Medien, etwa so, dass Interaktivität einen »Rückkanal« ermöglicht, ist Interaktivität heute keiner ernsthaften Erwähnung mehr wert. Gleichwohl ist gegenwärtig ein immenses Interesse an den Modalitäten von »Interaktion« im Bereich der »Mensch-Maschine-Interaktion« zu beobachten (Liggieri und Müller 2019). Das tiefe Eindringen der Digitalisierung in die materielle Realität der Dingwelt hat dazu geführt, dass auch die Medien der Gegenwart vorwiegend vor techniktheoretischem Hintergrund beschrieben werden (Hörl 2011). Als ›Interaktion‹ bzw. ›interaction‹ zwischen Menschen und Maschinen wird Interaktivität derzeit aus der ›Technosphäre‹ in die ›Mediensphäre‹ reimportiert. Nur geht es dabei eben nicht um Interaktion zwischen Menschen, sondern zwischen Menschen und Maschinen. Warum ist das hier von Bedeutung?

Der oben bereits zitierte *Wired*-Artikel von 1993 gibt Aufschluss. Dort heißt es: »The idea for Piazza came together in 1988, and grew from the assumption that the *human-machine-human* relationship was the central relationship in Western culture – and that it was changing« (Marshall 1993, Hervorh. CE/JS). Die Formulierung ist eine Referenz an die damals noch relativ junge Disziplin der »Human-Computer-Interaction« (Hellige 2008; Grudin 2017). Sie führt aber auch eine Dimension ein, die über diese ›interaction‹ hinausgeht. Die Rede ist von einer ›Mensch-Maschine-*Mensch*‹-Beziehung. Offenbar ist die Maschine also schon *als Medium* gedacht. Die Formulierung ist dann interessant, wenn man sich das ›Medium‹ hinzudenkt, aber den Begriff ›Maschine‹ nicht tilgt – also die Maschine *als* Medium betrachtet. Angezeigt wird mit dieser ›Mensch-Maschine als Medium-Mensch‹-Beziehung die materiell-infrastrukturelle Bedingung von Kommunikationsmedien. Über die

Frage, welche Maschinen es sind, die Kommunikationsmedien zwischen Menschen ausbilden, ergibt sich eine historische Kontinuität zu tief im 20. Jahrhundert eingelagerten Medien-utopien. Zugleich steckt darin eine Referenz auf die Auto-matisierung der Kommunikation in der Gegenwart und die Zukunft der Kommunikationsmedien.

›Mensch-Maschine-Mensch‹-Interaktionen sind eine Frage der Interfaces. An dieser Stelle muss der Hinweis reichen, dass es lohnenswert ist, *Piazza virtuale* über die verwendeten Interfaces zu analysieren. Das Projekt entwickelte neuartige User Inter-faces, wie z. B. ein grafisches Telefon-Interface, aber auch die Hardware-Hardware-Interfaces und Software-Software-Interfaces im Backend sind aufschlussreich.[6] Mehr als die Imagination eines ad hoc funktionierenden interaktiven Fernsehens war das Projekt auf dieser Ebene eine *Demonstration einer mög-lichen Medieninfrastruktur, die mögliche Gebrauchspraktiken – inklusive deren Begrenzungen und Problemen – exemplifizierte.* Dass die Kommunikation nach heutigen Standards chaotisch auf dem Fernsehbildschirm zusammenlief und das Niveau der Unterhaltungen nicht das allerhöchste war, wurde in den Pressereaktionen auf das Projekt oft kritisiert.[7] Rückblickend betrachtet ist eine schlechte ›User Experience‹ aber nicht das Entscheidende. Denn die eigentliche Zukunft, die das Projekt aus den Strukturen des Fernsehens heraus erfahrbar machen konnte, war die einer grundlegenden *Spannung zwischen Sozialität und Technizität,* die sich in den Praktiken und Handlungen erkennen lässt. Schemenhaft treten dabei auch die Umrisse einer heute ver-blassten Medienutopie hervor.

Für den Philosophen Charles Taylor (2002, 2004a, b) ist die »Public Sphere« eines der drei großen »modern social ima-ginaries« des Westens.[8] Taylor definiert Öffentlichkeit als ima-ginary eines »common space« (Taylor 2004a, S. 83), den er als

---

[6]Zu diesen verschiedenen Interface-Typen siehe Cramer und Fuller (2008).

[7]Tilman Baumgärtel (2019) wird hierzu einen Überblick publizieren.

[8]Die anderen beiden sind die Marktwirtschaft und der Gedanke autonomer Selbstbestimmung.

»non-local« (Taylor 2004b) und »metatopical« (Taylor 2004a, S. 86) versteht. Öffentlichkeit ist nicht an einen Ort gebunden, sondern wird von verschiedenen Medien hervorgebracht und stabilisiert, gleichzeitig aber bleibt die Imagination dieses »common space« bestehen. Von dieser Imagination zehrt die Kommunikationsutopie der *Piazza virtuale* grundlegend.

Soziale Medien haben dieses alte Bild nachdrücklich infrage gestellt. Sie adressieren die Einzelnen heute unter Vorspiegelung einer Privatsphäre individuell und personalisiert. Aus der Menge der Adressierungen ergibt sich eine riesige Menge an Informationen über Präferenzen und Orientierungen, Verbindungen und Beziehungen. Die Auswertung dieser Daten erlaubt statistische Aussagen über das wahrscheinliche zukünftige Verhalten der User. Der »common space« der Sozialen Medien ist – um Taylors Diktion zu adaptieren – *nicht* ›metatopical‹, sondern ›metatopological‹, geben topologische Modelle doch Auskunft über die Quantität und Qualität von Beziehungsverhältnissen. Der lokale Ort der Akteure ist dabei sekundär, auf die Relation und ihre Form kommt es an.

Dagegen nimmt sich die Vision von *Piazza virtuale* ein wenig antiquiert aus. In den frühen 1990er-Jahren ging es darum, eine global gedachte ›virtuelle‹ Öffentlichkeit aus dem Fernsehen heraus entstehen zu lassen, eine, wie Karel Dudesek in einer Projektpräsentation 1993 schreibt, »Schnittstelle des öffentlichen Lebens«.[9] *Piazza virtuale* sollte eine Gegenöffentlichkeit sein, die das Fernsehen aus sich heraus transformiert. Diese Ära ist vorüber. Doch die Frage, was die »common understandings« (Taylor 2004a, S. 86) zukünftiger Öffentlichkeiten sind, ist in einer Zeit, in der vernetzte digitale Medien insbesondere den impliziten Bereich des sozialen Lebens für ihre Operationen nutzen, aktueller denn je. Zukünftige Medien könnten solche Medien sein, die eine Gegenöffentlichkeit zu den Sozialen Medien ausbilden. Das ist die Botschaft der vergangenen Zukunft der *Piazza virtuale*.

---

[9]Die Formulierung findet sich in einem Flyer für die Veranstaltung »On Line – Kunst im Netz« im Palais Attems in Graz vom 04.-07. März 1993.

4.2   *Ubiquitous Computing:*
Allgegenwärtige Computer als Medien
›verkörperter Virtualität‹

Als der Computerwissenschaftler Mark Weiser seine Vision
des ›Ubiquitous Computing‹ (Ubicomp) im Jahr 1991 unter
der Überschrift »The Computer for the 21st Century« in der
bekannten Zeitschrift *Scientific American* publizierte, war die
Ära des Personal Computers in vollem Schwung.[10] Weisers
Vorgriff auf eine zukünftige Ära des Computings ›nach‹
den PCs antizipierte die beispiellose Vervielfältigung und
Veralltäglichung der digitalen Medien. Heute sind ›smart
devices‹ überall; die Entwicklung hat überhaupt erst begonnen.
Ubicomp ist Realität geworden. Rückwirkend mutet Weisers
Vision daher erstaunlich präzise an. Doch der genauere Blick
lohnt.

Denn man muss sehen, wer hier sprach. Weiser war Chief
Technology Officer am Xerox-PARC, einem Forschungszentrum
im Silicon Valley, in dem die PC-Ära in den 1970er-Jahren
begründet wurde (Hiltzik 1999). Wenn ein solcher Akteur
sich äußerte, dann spiegelte dies die Erwartungen zahlreicher
Schlüsselakteure wider. Dass es so kommen würde, wie Weiser
annahm, war also keine geniale Prognose, sondern hartes
›technopolitisches‹ Agenda-Setting für die weitere Forschung
und Entwicklung auf Basis einer guten Kenntnis existierender
Trends und Prototypen. Weisers Text ist darin als Erwartung
einer   nahen »Technikzukunft« exemplarisch   für   die   hier
behandelten imaginaries (Bell und Dourish 2006; Sprenger und
Engemann 2015a, S. 10 ff.). Kritisch gewendet, haben wir es
bei dem Text vielleicht sogar mit einer »technomythscape« (Do
urish und Bell 2011, S. 2) zu tun, deren Geschäftsmodell darin
besteht, eine digitale Zukunft vorherzusagen, die dank der entsprechenden industriellen Kompetenz, ökonomischen Potenz

---

[10]Wie so oft, waren die Ideen in dem Text älter und datieren auf die späten
1980er-Jahre. Siehe Bell und Dourish (2006, S. 135).

und politischen Macht auf scheinbar ›wundersame‹ Weise auch Wirklichkeit wird. Doch was ist Ubicomp eigentlich?

Ubicomp beschreibt nach Weiser eine Verbreitung digitaler Medien, die der Allgegenwärtigkeit der Schrift entspricht. Die Schrift ist eine fest etablierte Kulturtechnik, deren Gebrauch heute kaum mehr auffällt. Eine solch dominante Bedeutung für die Kultur und Zivilisation soll jetzt für die neue Ära der »Silicon-based information Technology« (Weiser 1991, S. 94) erreicht werden. Bücher, Zeitschriften, Zeitungen, Straßenschilder, Verpackungen und Graffiti – die Fähigkeit der symbolischen Repräsentation von Sprache durch »literary technologies« ist tief in unseren Alltag integriert, die moderne Gesellschaft ohne sie nicht vorstellbar (Weiser 1991, S. 94). Den Vorteil der Schrift sieht Weiser dabei in einer typischen medialen Funktion: Die Schrift befreit das Gedächtnis, sie erlaubt die Archivierung (aber auch das Prozessieren und Übertragen) von Informationen.

In Weisers Analogie zur Schriftkultur wird die ›Alltäg-lichkeit‹ der Schrift und des Schreibens, also ihre unkritische Normalität, als ›Unsichtbarkeit‹ der zukünftigen digitalen Technologien gefasst. Erfordert die Bedienung eines Personal Computers noch erhebliche Aufmerksamkeitsressourcen der User, sollen sich Informations- und Kommunikationstechno-logien dergestalt in die »fabric« – also das Gewebe, Gefüge bzw. die Struktur – des Alltags einweben (»weave«), dass sie »ununterscheidbar« (»indistinguishable«) vom Alltag werden (Weiser 1991, S. 94).

Weiser orientiert sich dabei an der Annahme, dass die-jenigen Nutzungsformen von Technologie, die unterschwellig und implizit sind, die erfolgreichsten Technologien sind. Aus der Forschung zum sogenannten »impliziten Wissen«, der Technikphilosophie wie auch der Medientheorie ist diese Argumentationsfigur als ›stumme‹ Dimension von Praktiken, ›Unsichtbarkeit‹ von Technologie und ›Transparenz‹ der Medien gut bekannt.[11] Unsichtbar bzw. im Hintergrund bleiben die

---

[11]Weiser entwickelt sie in Anlehnung an den Philosophen Michael Polanyi (1985); vgl. auch Ernst (2017b).

Computer im Ubicomp, weil sie in einer Weise auf Kognition und Kontext abgestimmt sind, dass sie Informationen genau dann präsentieren, wenn es nötig ist. Ubicomp beschreibt Computer, die in der Lage sind, in sozialen Kontexten situationsadäquate Operationen auszuführen (Weiser 1991, S. 94 f.; Ernst 2017a). Für Forschungs- und Entwicklungsprogramme wie das»Context-Aware Computing«oder»Ambient Intelligence«war diese Idee grundlegend (Rogers 2006, S. 407 ff.).

Wie alle ›sociotechnical imaginaries‹ sind derartige Technikzukünfte darauf angewiesen, die Relevanz einer Technologie für die Bevölkerung zu demonstrieren. Oft zitiert werden in diesem Zusammenhang die Abbildungen des Textes, wie auch in Abb. 4.1 dargestellt.

Als Steve Jobs 2010 mit dem iPad die vermeintlich ›neue‹ Geräteklasse des Tablets präsentierte, nahm sich dies als die Einlösung der 1991 antizipierten Technikzukunft aus.[12] Weiser selbst beharrt in seinem Text jedoch darauf, dass die Innovationen des Ubicomp nicht auf der Ebene der User Interfaces und der Endgeräte zu finden sind, sondern in den Infrastrukturen. Was Weiser meint, wird in einem idealisierten Nutzungsszenario deutlich, in dessen Zentrum die fiktive Protagonistin Sal steht.

Sal bewegt sich ›nahtlos‹ (Weiser 1991, S. 94, 101) durch eine urbane Umwelt ineinandergreifender Medien. Morgens nimmt ihr Wecker wahr, dass sie dabei ist, wach zu werden. Der Wecker fragt Sal, ob sie Kaffee möchte. Elektronische Systeme beobachten derweil ihre Nachbarschaft und ihre Kinder. In

---

[12]Tablets haben eine Geschichte, die bis tief in die 1980er-Jahre zurückreicht. Völlig neu war das, was in der obigen Abbildung gezeigt wird, zum Zeitpunkt der Markteinführung des iPads nicht, denn Apple selbst hatte 1997 den Apple »Newton« herausgebracht, ein »Personal Digital Assistant« (PDA), der als Vorläufer des iPads gelten darf. Und schon in Stanley Kubricks berühmtem SF-Film *2001: A Space Odyssey* gibt es eine Szene, in der die Astronauten dem iPad ähnliche Geräte benutzen – so ähnlich, dass die Szene im Rechtsstreit von Samsung gegen Apple dazu genutzt wurde, Apple das Anrecht auf die Erfindung streitig zu machen (Westaway 2011).

Abb. 4.1 Zukünftige gestenbasierte Medien bei Weiser (Quelle: Weiser, Mark. 1991. The Computer for the 21st Century. *Scientific American* 265, 3: 94–104, S. 95)

ihrer Zeitung kann sie Zitate markieren, die automatisch in ihr Büro geschickt werden. E-Mails gehen hin und her, ein Verkehrsleitsystem hilft dabei, einen Stau zu vermeiden und an ihrem Arbeitsplatz sofort einen Parkplatz zu finden. Das Zeiterfassungssystem ihres Arbeitgebers erkennt und vermerkt ihre

Anwesenheit, die Medien an ihrem Arbeitsort hat sie mit einem Kollegen synchronisiert und arbeitet kooperativ mit ihm an geteilten Dateien (Weiser 1991, S. 102 f.).

Bei Ubicomp dreht sich alles um das »ubiquitous network« (Weiser 1991, S. 95), das hier ein Netzwerk der Dinge ist (Sprenger und Engemann 2015a). Die Orientierung an User Interfaces führt nach Weiser genauso in die Irre wie typische Schlagwörter der Ära, also etwa ›Multimedia‹ oder ›Virtuelle Realität‹ (Weiser 1991, S. 94). Die korrekte Metapher für die Unsichtbarkeit der Medien lautet nach Weiser deshalb auch »embodied virtuality« (Weiser 1991, S. 98): »By pushing computers into the background, embodied virtuality will make individuals more aware of the people on the other ends of their computer link« (Weiser 1991, S. 104). »Embodied virtuality« ist ein Zustand, in dem die automatisierte Interaktion zwischen Maschinen im ›Hintergrund‹ kognitive und soziale Potenziale der Interaktion von Menschen im ›Vordergrund‹ freisetzt.

Das bedeutet nicht, dass User Interfaces und neue ›devices‹ nicht wichtig wären. Ohne sie gäbe es das Netzwerk ja nicht. Weiser betont allein, dass man den Blick auf die Gesamtheit ihrer Vernetzung richten muss. Mit »embodied virtuality«, also verkörperter Virtualität, ist deshalb nicht der menschliche Körper gemeint, sondern die ›Verkörperung‹ von »hundreds of computers per room« (Weiser 1991, S. 98) – in Glühlampen, Thermostaten, Öfen und Wänden. Neue Medien wie etwa Tablets stehen deshalb nicht im Zentrum des Ubicomp, sondern sind nur Element in der Gesamtheit eines »hypermediated environment« (Bolter und Grusin 2000, S. 214). Das Gravitationszentrum von Weisers Technikzukunft ist also der Faszinationskern ›Netz‹, die Infrastruktur vernetzter ›smarter Medien‹. Wie aber sieht es mit den Faszinationskernen ›Simulation‹ und ›Künstliche Intelligenz‹ aus, also den Dimensionen der Zeichen und Informationsverarbeitung sowie der Praktiken und Handlungen? In dieser Hinsicht weist Weisers Ansatz bemerkenswerte blinde Flecken auf, die über die Jahre in der Computer- und Medienwissenschaft problematisiert wurden.

Der medientheoretischen Deutung von Jay D. Bolter und Richard Grusin ist die Technikzukunft, die Weiser beschreibt,

in den 1990er-Jahren insbesondere deshalb wichtig, weil sie
eine klare Abgrenzung von der alten Idee des Cyberspace als
einer dreidimensionalen Virtuellen Realität (VR) vornimmt
(Sprenger 2019, S. 4 ff.). Bestand die Idee ›klassischer‹ VR
darin, die Computer Interfaces verschwinden zu lassen und eine
artifizielle Computerwelt zu erschaffen, so besteht die Idee von
Ubicomp in den Augen von Bolter und Grusin darin, die Welt
selbst in ein Interface zu verwandeln (Bolter und Grusin 2000,
S. 213). Ubicomp überwindet die alte Idee einer *realen* Realität,
die – paradigmatisch in *The Matrix* – von einer *virtuellen* Realität abgegrenzt ist. An die Stelle dieses dualistischen Modells tritt
die Vision einer computerbasierten Virtualität, die als *Teil der
Realität* begriffen wird.

Was die Zukunft angeht, hat sich Weisers Vision auf verschiedenen Ebenen bewährt. Ein Beispiel ist der Erfolg von
Augmented Reality- (AR) und Mixed Reality-Technologien
(MR) in den 2000er-Jahren. Während sich diese Technologien
weiterentwickelten, stagnierte die Idee immersiver VR. Zwar
hat sich das inzwischen mit Technologien wie der»Oculus
Rift«-VR Brille, die inzwischen ein für den Massenmarkt
taugliches Medium ist, ein Stück weit geändert. Dennoch
knüpfen sich die Zukunftserwartungen einer bevorstehenden
Post-Smartphone-Ära auch gegenwärtig noch eher an AR- und
MR-Technologien wie etwa Microsofts»Hololens«. Interessanter
ist der Blick in die Vergangenheit. Für Bolter und Grusin steht
die Idee klassischer VR, die dem Zwei-Welten-Schema aus
The Matrix folgt, in einer Tradition des immersiven Holly-
wood-Kinos. Die verkörperte Virtualität des Ubicomp dagegen
verdanke sich, so Bolter und Grusin, einer Tradition von interaktivem Fernsehen (!), weil es um ein»Monitoring«und»Re-
arrangieren«der physikalischen Welt gehe (Bolter und Grusin
2000, S. 213). Dieser Querverweis auf interaktives Fernsehen
ist durchaus überraschend. Inwiefern soll Ubicomp mit interaktivem Fernsehen verwandt sein?

Medienhistorisch gibt es außer einer zeitlichen Koinzidenz
keine Verbindungen. Hinzu kommt, dass sich die imaginaries
stark unterschieden. Das imaginierte neue Kommunikationsmedium, das etwa *Piazza virtuale* als interaktives Fernsehen

sein sollte, war eine Vorwegnahme von Aspekten des Web 1.0.
Ubicomp war hier drei Schritte weiter. Sucht man nach den
Bedingungen für den Erfolg von Social Media – bei Ubicomp
findet man sie. Was rechtfertigt also eine Analogie zwischen
interaktivem Fernsehen und Ubicomp? Wichtig ist, zu verstehen,
dass es Bolter und Grusin nicht um eine positive, lineare Beein-
flussung auf Ebene eines Technologietransfers oder einer nach-
weisbaren ideellen Inspiration geht. Die Analogie bezieht sich
auf *strukturelle Ähnlichkeiten,* die zwischen unterschiedlichen
Verfahrensweisen und *Nutzungspraktiken* bestehen.

Um dies deutlich zu machen, können wir die Bemerkungen,
die bei Bolter und Grusin (2000, S. 213 ff.) zu finden sind,
aufgreifen und mit eigenen Assoziationen modifizieren und
anreichern. Demnach gestalten sich die Unterschiede so:

Hollywood-Kino → Virtual Reality	Interaktives Fern-sehen → Embodied Virtuality
Etablierung einer zweiten Realität	Erweiterung von Realität
Ersetzung der Realität durch Virtualität	Überblendung von Virtualität und Realität
Dualistischer Ansatz (zwei Welten)	Holistischer Ansatz (eine Welt)
Trennung von Wirklichkeit und Illusion	Verbindung von Wirklichkeit und Möglichkeit
Alternative mögliche Realität	Möglichkeiten in der Realität
Simulation (›klassische‹ VR)	Telepräsenz (AR & MR)
Immersives Medium	Orientierendes Medium
Unsichtbarkeit eines User Interfaces	›Interfacing‹ als alltäglicher Prozess
Funktioniert auch ohne Vernetzung	Funktioniert nur als Netzwerk
Medium an spezifischem Ort	Medium als globale Infrastruktur
Statisches Medium	Mobiles Medium
Monitoring der User	Monitoring von User und Umwelt
Mensch-Maschine-Interaktion	Mensch-Maschine-Mensch-Interaktion
Phantasma totaler Medienillusion	Phantasma totaler Medien-integration

Für Bolter und Grusin ist Ubiquitous Computing im Jahr 2000 eine ›aggressivere‹ Form von Medialität, weil sie die Realität der Medien nicht zu einer alternativen Realität führt, sondern zu einer Durchleuchtung der Realität durch Medien: »Ubiquitous computing is not satisfied with mere monitoring; it wants to affect what it monitors« (Bolter und Grusin 2000, S. 219). Im Endeffekt führt dies zu dem, was Grusin dann im Jahr 2010 – die Evolution der ›smarten‹ Medien vor Auge und Filme wie *Minority Report* im Geiste – als »Premediation« bezeichnen wird (Grusin 2010), also die Idee, dass Medien die Zukunft selbst vermitteln. Somit wären wir bei dem zentralen imaginary der »Medien des 21. Jahrhunderts« (Mark Hansen) und mithin im Zentrum der gegenwärtigen Debatte.

Paul Dourish und Genevieve Bell haben das Ubicomp-Paradigma in ihrem Buch *Divining a Digital Future* (2011) einer grundlegenden Kritik unterzogen. Im Zentrum der Analyse steht das Durcheinander des alltäglichen Lebens (»messiness«), in das Ubicomp eingebettet werden soll, es aber auch beseitigt. Dourish und Bell plädieren dafür, die Heterogenität der Technologie zu berücksichtigen, um Ubicomp als Leitbild und Technikzukunft selbst umzudeuten. Dabei werden zahlreiche kulturelle Bruchstellen sichtbar. Anstatt die Kultur so einzubinden, dass man fragt, welches bessere Verständnis von Kultur bei Entwicklung und Design hilft, gelte es, die Entwicklung und das Design dieser Technologien selbst als von soziokulturellen Implikationen durchzogene Praktiken verständlich zu machen (Dourish und Bell 2011, S. 189 f.). Anstatt Ubicomp als Lösung für ein Problem zu betrachten, sollten mithin die Annahmen über Kultur und Gesellschaft, die in die Formulierung des Problems eingegangen sind, analysiert werden (Dourish und Bell 2011, S. 191).

Dazu gehört nach Dourish und Bell auch die Beobachtung, dass die Imaginationsprozesse, die Ubicomp in der Science-Fiction begleiten, relativ kritiklos sind. Für Dourish und Bell verhandelt Science-Fiction Themen, die sich nicht in der Technologieentwicklung selbst ergeben, sondern aus der Imagination einer Zukunft der Technologie entstehen (Dourish und Bell 2014, S. 777). Dazu gehören Themen wie etwa

Bürokratie, Störungen, Instandhaltung, Grenzen und imperiale
Ausdehnung (Dourish und Bell 2014, S. 773 ff.). Dourish und
Bell argumentieren, dass bei der üblichen Thematisierung von
Ubicomp in Science-Fiction überwiegend die Problematik von
Überwachung und Kontrolle im Vordergrund steht, der Staat aber
abwesend ist.[13]

Der oben erwähnte Vorwurf, dass Science-Fiction kein
Ort visionärer Medienprophezeiungen ist, sondern Teil einer
»Zukunftsindustrie«, wird von Dourish und Bell unterstützt.
Sofern auch Science-Fiction übersieht, dass Ubicomp in einen
Prozess der ständigen Ausweitung digitaler Netzwerke bei einem
gleichzeitigen politischen Kampf um diese Netzwerke eingebunden ist (Dourish und Bell 2014, S. 775), führt dies zu der
Implikation, dass die Inkorporation von Science-Fiction durch
die »Zukunftsindustrie« vor allem der Kontrolle der Zukunft
dient. In genau dieser Hinsicht ist insbesondere die Verhandlung
des Faszinationskerns ›Künstliche Intelligenz‹ in Ubicomp
interessant.

Mark Weiser bemerkt in seinem Text von 1991, dass für die
Realisierung von Ubicomp *keine* starke Form von KI nötig sei.
Ausdrücklich schreibt er: »No revolution in artificial intelligence
is needed, merely computers embedded in the everyday
world« (Weiser 1991, S. 99). In Weisers Technikzukunft sind
digitale Medien also in der Lage, auf der Ebene von Mikro-
und Nahzukünften (Was werde ich als Nächstes anklicken?
Welche Informationen brauche ich, wenn ich jetzt am Ort X die
Ware Y kaufen will? etc.) in soziokulturell höchst spezifischen
Situationen korrekte Informationsverarbeitungen vorzunehmen,
ohne dass dafür Künstliche Intelligenz notwendig ist. Für die

---

[13]Anzumerken ist, dass die Analyse von Dourish und Bell nicht durch eine
sinnvolle Auswahl an Beispielen besticht. Aus dem Star Trek-Franchise
etwa die Originalserie aus den 1960er-Jahren aufzugreifen, die zeitgenössischen Thematisierungen von Ubicomp in *Star Trek: The Next
Generation* (1987–1994), *Star Trek: Deep Space Nine* (1993–1999) und *Star
Trek: Voyager* (1995–2001) aber zu ignorieren, ist fragwürdig. Von neueren
Serien wie *Black Mirror* (seit 2011) ganz abgesehen.

Computerwissenschaftlerin Yvonne Rogers (2006, S. 405) handelt es sich hierbei um ein Schlüsselproblem:»There is an enormous gap between the dream of comfortable, informed and effortless living and the accomplishments of UbiComp research [...] because it involves solving very hard artificial intelligence problems that in many ways are more challenging than creating an artificial human.«

Ubicomp war die Vision einer Ausdehnung des Netzes in die Sphäre der sozial und kulturell geprägten impliziten Praktiken. Dass dies aber nur durch eine simulative Verarbeitung von gigantischen Datenmengen auf Basis Künstlicher Intelligenz realisiert werden konnte, blieb Anfang der 1990er-Jahre unbeachtet. In diese Lücke stießen imaginaries, die ab ca. 2010 die tiefe Integration von Künstlicher Intelligenz und Medien propagierten. Als»Nahkörpertechnologien«(Kaerlein 2018) sind Smartphones heute auch in der Lage, Nahzukünfte zu anti-zipieren. Über das Auslesen der impliziten Sphäre ist eine Industrie der»predictive analytics«entstanden, die in Form von»Präemptionsphänomenen«wie»preemptive warfare, preemptive personalities, preemptive policing etc.«(Avanessian und Moalemi 2019, S. 16) versucht, die Zukunft unter ein computationales, technoökonomisches Regime zu stellen.

4.3 Paradigma *Minority Report* – Holografische Interfaces als diegetische Objekte

In neueren Publikationen zu Virtueller Realität herrscht die Tendenz vor, ›klassische‹ Virtuelle Realität, die auf dem Leitbild zweier voneinander separater Welten beruht, und die Formen von Augmented Reality, Mixed Reality oder Extended Reality, die dem Leitbild einer Überlagerung der virtuellen und der realen Realität folgen, wieder unter einem weit gefassten Ober-begriff von ›Virtual Reality‹ zu fassen (Greengard 2019). Was Mark Weiser als ›verkörperte Virtualität‹ bezeichnet hatte, trifft sich mit dieser ›erweiterten Realität‹. Die medienwissenschaft-lich naheliegende Frage ist dann, wie die ›Verkörperung‹ zur

›Erweiterung‹ passt. Der Hollywood-Spielfilm hat in dieser Frage vorgearbeitet.

Im Vorfeld von Steven Spielbergs *Minority Report* (2002) hatte das Produktionsteam am berühmten Media Lab des Massachusetts Institute of Technology (MIT) den Interface-Designer John Underkoffler kennengelernt. Underkoffler wurde damit beauftragt, das gestenbasierte Interface im Film zu ent-wickeln. Wie David Kirby zeigt, war das Ergebnis im exakten Sinne ein »diegetischer Prototyp«: Um das Interface mög-lichst realistisch wirken zu lassen, wurde es als eine »self-consistent technological entity«(Kirby 2010, S. 51 f., 2011, S. 197 ff.) entworfen, ein realer Prototyp, für den man eine eigene Gestensprache entwickelte. In der Öffentlichkeit waren Underkofflers Design und Spielbergs Inszenierung ein riesiger Erfolg, ihren besonderen populärkulturellen Status aber erlangten sie erst *ex post*.

Denn *Minority Report* präfigurierte die Gestensteuerung des iPhones, die Steve Jobs bei der Präsentation des iPhones 2007 als »Revolutionary User Interface«pries. ›Revolutionär‹ waren demnach vor allem die hervorragenden Gebrauchsmöglich-keiten des neuen User Interfaces. Für Jobs war das Interface ein zentrales Verkaufsargument. Doch die Gestensteuerung ist nur die eine Seite der Medaille, die andere ist die beim iPhone sehr konsequent ausagierte Virtualisierung des User Interfaces. Trägt Hauptdarsteller Tom Cruise im Film von 2002 noch einen Datenhandschuh, um das Interface zu bedienen, ist Apple 2007 einen Schritt weiter: Nunmehr reicht der menschliche Finger. Jobs insistierte während der Präsentation darauf, dass feste physische Tastaturen ein Irrweg sind. Weil sie fest verbaut sind, sind sie Teil des Designs,»whether you need them or not«.[14] Im Umkehrschluss hieß das: Eine virtuelle Tastatur, die situations-adäquat auf einem Touch Display erscheint und wieder ver-schwindet, ist nach Jobs die bessere Lösung. Das Ergebnis war

---

[14]Wie oben schon erwähnt, handelt es sich um ein Originalzitat aus den bei YouTube nach wie vor verfügbaren Mitschnitten der Präsentation.

ein massenmarktfähiges Natural User Interface, das auch als
›Reality-based Interface‹ bezeichnet wird (Shah 2017). Im Paradigma der Natural User Interfaces werden Oberflächen aller Art
zu Schnittstellen einer avisierten ›natürlichen‹ Interaktion mit
Computern.

Gegenüber Apple hatte die Fiktion aus *Minority Report* aber
noch einen entscheidenden Vorteil: Die natürliche Interaktion
findet dort in einem Medium statt, in der Virtualisierung ins
Dreidimensionale ausgreift. Diese spezifische Technikzukunft
zeichnet sich gegenwärtig für die Ära nach den Smartphones
ab. Aus zeitgenössischer Sicht macht es dies nötig, noch etwas
genauer auf die Inszenierung von holografischen und pseudo-
holografischen, das heißt nur umgangssprachlich als ›holo-
grafisch‹ bezeichneten, Interfaces im Hollywood-Spielfilm zu
schauen.

Es ist kaum zu übersehen, dass es eines der gegenwärtig
dominantesten im Spielfilm repräsentierten imaginaries medialer
Zukunft ist, dass zeitnah alle Displays ›dreidimensional‹
sein werden.[15] Kaum ein Science-Fiction-Film, in dem nicht
komplexe dreidimensionale Bildtechnologien als diegetische
Prototypen vorgeführt werden. Dreidimensionale Bildtechnologie ist einer der sichersten Marker von ›Zukünftigkeit‹ im
zeitgenössischen Kino und Fernsehen. Um nur einige wenige
Beispiele zu nennen: Das seit 1987 in der Fernsehserie *Star
Trek – The Next Generation* präsentierte ›Holodeck‹ ist eine
der wichtigsten und populärsten Fiktionen einer Virtuellen
Realität. Das Holodeck ist ein Raum an Bord der Raumschiffe
und Raumstationen, in welchem eine begehbare, audiovisuell
absolut ›realistische‹, haptisch berührbare und olfaktorisch
sowie gustatorisch erfahrbare Simulation erschaffen werden
kann. Diese dient als Entertainment, aber auch für Sport
oder Schulungen. Und selbst wenn im Holodeck ein fiktives
Szenario dargestellt wird, sind diese Darstellungen innerhalb der

---

[15]Siehe grundsätzlich zu dreidimensionalen Bildtechnologien Schröter
(2009).

Erzählung durch nichts von einer Darstellung in der filmischen Realität zu unterscheiden. Diese 1:1-Simulation illustriert ein aufschlussreiches Spannungsfeld zwischen Imagination und ihrer filmischen Verwirklichung. Dies ist zunächst der einfachste televisuelle Weg, eine Computersimulation im Film darzustellen. Wenn diese als ›perfekte‹ Simulation konzipiert ist, muss kein tatsächliches und kostenaufwendiges computergrafisches Szenario generiert werden, die Schauspieler und Schauspielerinnen können vielmehr, jeder filmischen Inszenierung gleich, in entsprechenden Settings die Simulation schlicht spielen.

Zugleich aber – und hier wird diese Verbildlichung für die faktische Realisierung der Technologie interessant – ist eine solche Darstellung eines virtuellen Raums nur möglich und glaubwürdig, wenn es in den tatsächlichen Entwicklungsdiskursen die Utopie gibt, virtuelle Räume müssten quasi selbstverständlich auf den, implizit fotografisch und filmisch aufgefassten, ›vollkommenen Realismus‹ zulaufen. Diese Imagination des Fotorealismus ist damit nicht nur durch tatsächliche praktische Anwendungen begründet, sondern wird ebenso auf der Unterhaltungsebene produziert. In der Darstellung einer vollendeten Simulation durch televisuelle Mittel wird der Fotorealismus der Simulation diskursiv stabilisiert. Durch seine Inszenierung in einer kommerziellen amerikanischen Fernsehserie erscheint der computergenerierte Raum als eine andere Form von Fernsehfilm, als ein *Medium* der Zukunft. Die fiktionalen Räume der Literatur, des Films und diverser Fernsehproduktionen sind Vorlagen, an die die virtuellen Räume anschließbar werden.

Die Fiktion des Holodecks[16] war überaus folgenreich. So konstatiert Michael Heim (1993, S. 122), dass das Holodeck auf den Fachkonferenzen der »Special Interest Group

---

[16]Die Fiktion des Holodecks hat ihrerseits eine komplizierte Vorgeschichte in verschiedenen imaginaries der Science-Fiction-Literatur, aber auch in den Diskursen der Informatik, siehe Schröter (2018).

on Graphics and Interactive Techniques« 1989 und 1990 – bei denen Virtuelle Realität erstmals ausführlicher diskutiert wurde – eines der Leitbilder war, das den zu Virtueller Realität Forschenden als Ansporn diente. Ein Technik- und Design-Handbuch über Virtuelle Realität von 1993 benennt ganz selbstverständlich das Holodeck als ›ultimatives Ziel‹ der Forschung (Hamit 1993, S. 48 ff.) – das Holodeck wird zum Zentrum des zentralen Imaginären dieser Forschung.[17] Randy Pausch (Pausch et al. 1996, S. 196) und seine Mitarbeiter bemerkten zu den Testpersonen, die zum ersten Mal die Virtuelle Realität des von Disney in den 1990er-Jahren entwickelten *Aladdin-Project*s besuchen wollten:»Die Gäste gingen davon aus, dass VR möglich sei und hatten die Erwartung, dass die Qualität extrem gut wäre. Viele hatten das ›Holodeck‹ in *Star Trek* gesehen und erwarteten genau dessen Qualität.« Bei den Auswertungen ihrer Befragungen der Gäste ergab sich zudem auf die Frage, ob diese bereits zuvor von Virtual Reality gehört hätten, dass der mit Abstand größte Teil von ihnen, also fast die Hälfte (49 %), sein Wissen über Virtuelle Realität aus dem Fernsehen hatte (Pausch et al. 1996, S. 198).[18]

Hier wird anschaulich, wie ein diegetischer Prototyp, dessen Möglichkeiten und Probleme in immer neuen Erzählungen in der Serie vorgeführt werden, tatsächlich Material für den Faszinationskern ›Simulation‹ zur Verfügung stellt. Und das Holodeck ist keineswegs die einzige Art eines solchen imaginaries. In zahlreichen Filmen, wie z. B. *Avatar* (USA 2009, James Cameron), kann man aufwendige Darstellungen fiktiver dreidimensionaler Bildtechnologien bewundern, selbst wenn es nicht um futuristische Medien eines vollendeten Realismus geht, sondern ›lediglich‹ um avancierte dreidimensionale Interfaces.

---

[17]Patrice Flichy (2014, S. 702) stellt zur Rolle von Science-Fiction bei der Entwicklung von VR fest:»Science fiction therefore offers the various promoters of a new technology a symbolic universe in which they can meet and communicate around the same imaginary.«

[18]Das Aladdin-Projekt war ein Projekt zu Virtual Reality, in dem versucht wurde, die Möglichkeiten von Erzählung in immersiven Räumen auszuloten.

In *Blade Runner 2049* (USA 2017, Dennis Villeneuve) wird die Idee einer dreidimensionalen Darstellung mit der Idee Künstlicher Intelligenz verbunden. Der im Film dargestellte Charakter der Joi ist ein Interface in der Gestalt einer jungen Frau, die einerseits dem Protagonisten (K) so etwas wie eine Partnerin ist, andererseits Informationen organisiert und bereitstellt. Durch einen sogenannten ›Emanator‹ wird es sogar möglich, dass sich das ›Hologramm‹ im Freien bewegt. Schließlich mietet Joi eine Prostituierte, überlagert sich ihr, sodass K mit ihr Sex haben kann – in der wohl ersten Augmented-Reality-Sexszene der Filmgeschichte. Das daraus resultierende Theater des Gebrauchs spielt eine Reihe zum Teil ungewöhnlicher Verwendungsweisen des holografischen Bildgebungsverfahrens durch. Ferner sieht man zahlreiche Formen von Werbung in der zukünftigen Stadt, die auf teilweise riesenhaften, dreidimensionalen Darstellungen beruhen – wieder wird in Form diegetischer Prototypen eine ganz selbstverständliche, ökonomische Rolle zukünftiger dreidimensionaler Bilder thematisiert.

Interessant ist, dass die meisten dieser fiktionalen Repräsentationen dreidimensionaler Bilder mehr oder minder explizit auf die Holografie referieren (Schröter 2009, S. 233 ff.), das ›Holodeck‹ offenkundig bereits im Namen. Diese auf der Wellenoptik basierende Bildtechnologie erlaubt unter bestimmten Bedingungen wirklich dreidimensionale Bilder, ist aber aus verschiedenen Gründen im Bereich der Unterhaltungs- und Massenmedien randständig geblieben.[19] Obwohl sie – bis jetzt – keinen populären Durchbruch hatte, ranken sich eine Reihe von teilweise spektakulären Imaginationen um die Holografie, etwa zukünftige dreidimensionale Darstellungen oder bislang unvorstellbare Speichermedien.

Besonders wichtig ist dabei, dass historisch die Entwicklung holografischer Verfahren in der Sowjetunion durch Yuri Denisyuk von der Science-Fiction-Erzählung»Schatten der

---

[19]Wiewohl die Holografie sehr wichtige Anwendungen in der wissenschaftlichen Visualisierung, der avancierten Optik, aber auch in Sicherheitsanwendungen hat.

Abb. 4.2 Imaginäres Augmented Reality-Smartphone in *This Panda Is Dancing* (2016) (Quelle: YouTube, https://www.youtube.com/watch?v =tf9ZhU7zF8s. 00:01:08. Zugegriffen: 25. Februar 2020)

Vergangenheit« von Iwan Antonowitsch Jefremow angeregt war (Schröter 2009, S. 276 ff.). Die Holografie ist damit ein Fall, der einerseits aus einem Imaginären in Gestalt der Science-Fiction hervorgeht (zumindest die sowjetische Entwicklung),[20] um dann andererseits wieder enorme Imaginationen anzuregen, die zu einem zentralen Imaginären des Faszinationskerns ›Simulation‹ – bis heute – geworden sind. Gerade an der Holografie wird die unauflösliche Verflechtung von Technologien mit Imaginationen deutlich sichtbar. Die Verbindung des dreidimensionalen Bildes mit der Gestensteuerung in *Minority Report* – dabei auch wiederum Muster zum Cyberspace aufgreifend – verbindet diese Kontextualisierung der Holografie mit jener des Smartphones und eröffnet so als diegetischer Prototyp einen Imaginations-raum für eine Technikzukunft mit Smartphones mit holo-grafischen Displays, die als erwartbare nahe Zukunft in Videos und Filmen erscheinen. Obwohl kein holografisches Display, liefert das 2016 entstandene Video *This Panda Is Dancing*

---

[20]Die Erzählung Jefremows spielt in der Zukunft, bezieht sich aber auf ferne Vergangenheit, womit der Zeitbezug noch komplexer wird.

der von dem ehemaligen Google-Mitarbeiter Tristan Harris mit-
begründeten kurzlebigen»Time Well Spent«-Bewegung einen
Vorgeschmack, wie dies in einem Augmented-Reality-Szenario
aussehen könnte (vgl. Abb. 4.2).

4.4   Cixin Liu und *The Three-Body Problem*: Quantencomputer als post-digitale Medien?

Der Medientheoretiker Friedrich Kittler beendet seinen 1993
erschienenen Text»Geschichte der Kommunikationsmedien«mit
einem kryptischen Satz, der direkt aus einem Science-Fiction-
Roman stammen könnte:»Ohne Referenz auf den oder die
Menschen haben Kommunikationstechniken einander über-
holt, bis schließlich eine künstliche Intelligenz zur Interzeption
möglicher Intelligenzen im Weltraum schreitet«(Kittler 1993b,
S. 188).[21] Frei übersetzt ist die Bedeutung dieses Satzes: Am
Ende der Mediengeschichte steht eine Künstliche Intelligenz,
die sich – als mutmaßliche»Superintelligenz«(Bostrom 2014) –
bemüßigt fühlt, auf die Suche nach Außerirdischen zu gehen.
Die Bemerkung weist aber auch eine potenzielle Doppeldeutig-
keit auf. Neben dem ›Auffangen‹ von außerirdischen Signalen
(was dem Kontext des Textes nach auch gemeint sein dürfte)
kann»Interzeption«auch   deren   ›Unterschlagung‹   bedeuten.
Unterschlägt eine superintelligente KI ihre Entdeckung von
Aliens gegenüber den Menschen? Sind intelligente Computer
nicht nur das Ende der Mediengeschichte, sondern auch des
Menschen? Dieses Phantasma treibt schon eine Weile sein
Unwesen. Überdies ist die Suche nach außerirdischer Intelligenz
in der Medienwissenschaft ein bis dato unterschätztes Thema
(Pias 2004). Kittlers Spekulation über das Verhältnis von KI und
außerirdischer Intelligenz müssen wir für den Moment allerdings
zurückstellen. Das Problem fängt früher an, denn schon die

---

[21]Kittler folgt hier einer alten Verbindung zwischen Künstlicher Intelligenz
und Weltraumfahrt. Siehe dazu Ceruzzi (2011).

Diagnose vom Digitalcomputer als Ende der Mediengeschichte ist einigermaßen wackelig.

Wie selbstverständlich wird heute in der Medienwissenschaft von einer *post-digitalen* Ära der Medien gesprochen. Gemeint ist damit, dass ein Zustand eingetreten ist, der Mark Weisers Konzept vom Ubiquitous Computing aus dem Jahr 1991 durchaus ähnlich ist: Wir leben in einer Welt tief in den Alltag integrierter digitaler Medien, die gegenwärtig scheinbar alternativlos sind. ›Post-digital‹ bedeutet eine Allgegenwärtigkeit der digitalen Medien. Mit Kittlers Szenario ist das im Grundsatz vereinbar. Jedoch existiert noch eine andere Lesart von ›Post-Digitalität‹. Was ist, wenn zukünftig Computer entwickelt werden, die ›post-digital‹ *operieren?* In dieser Situation würde der Begriff ›Post-Digitalität‹ mehr bedeuten als nur eine Zustandsbeschreibung der gegebenen Medienlandschaft. ›Post-digital‹ wäre eine Eigenschaft von Computern selbst. Dies würde implizieren, dass die ›digitalen Computer‹ – egal wie einflussreich sie global sind – von einem massiven Medienumbruch betroffen sein könnten.

Dem Tsunami-Modell zufolge spüren wir von diesem Umbruch im Alltag noch nichts, auch wenn er in den Laboren längst begonnen hat. Gibt es derzeit Anzeichen, dass eine solche Umwälzung bevorsteht? Vielleicht. Das Stichwort lautet: »Quantencomputer« (Meier 2015).[22] Quantencomputer sind in den Entwicklungszentren zahlreicher (trans-)nationaler Akteure real existierende Technologien. Seit Google im September 2019 verkündete, ein von dem Konzern entwickeltes System habe die ›Quantenüberlegenheit‹ erreicht, also ein mathematisches Problem in deutlich kürzerer Zeit als konventionelle Computer gelöst, ist die Aufregung um einen in naher Zukunft bevorstehenden Sprung in der Evolution von Computern groß. Aber was haben Quantencomputer mit ›Post-Digitalität‹ zu tun?

---

[22]Wir verwenden hier Ideen aus einem von Christoph Ernst, Jens Schröter, Martin Warnke und Christina Vagt beantragten Forschungsprojekt mit dem Titel »Quantenmedien – Geschichte, Imagination, Theorie«.

Konventionelle Computer nutzen zum Rechnen die Speichereinheit des ›Bit‹, also die digitale Unterscheidung von 0 und
1. Konstruiert sind sie auf Grundlage einer bestimmten Archi-
tektur, der »Von-Neumann-Architektur«, die sich als Standard
durchgesetzt hat. Quantencomputer dagegen nutzen als kleinste
Speichereinheit ›Qubits‹. Qubits ermöglichen die gleichzeitige
Repräsentation von 0 und 1, die auf der sogenannten »Super-
position« beruht. Damit ähneln Quantencomputer eher analogen
Maschinen (Warnke 2005, S. 167 ff.), sind also ›post-digital‹. Ihr
großer Vorteil ist, dass die Gleichzeitigkeit von 0 und 1 massiv
parallele Rechenprozesse ermöglicht, die für konventionelle
Digitalcomputer quasi unerreichbar sind. Derzeit hat sich zwar
noch keine Standardbauweise für Quantencomputer durchgesetzt, das Rechenpotenzial von Quantencomputern ist jedoch
gegenwärtig als »Futurible« im Sinne Bertrand de Jouvenels
erkennbar. Die Aussicht auf einen Umbruch hin zu einem
›post-digitalen‹ Prinzip der Informationsverarbeitung ist eine
reale Möglichkeit.[23]
Quantencomputern wird Großes zugetraut. So sollen sie
zukünftig in der Lage sein, riesige Datenmengen hocheffizient
zu durchsuchen (›Big Data‹) (Meier 2015, S. 123 ff.) oder die
etablierten Verschlüsselungen für die sichere Kommunikation
im Homebanking zu brechen (Warnke 2014).[24] Auffällig ist bei
den Auflistungen dieser Möglichkeiten: Die Diskussionen um
die Zukunft des Quantencomputers drehen sich um die Effekte,
die sich aus einer neuen Art der Informations*verarbeitung* für
die Informations*übertragung* ergeben – mithin um *mediale
Prozesse*. Sofern die Folgen von Quantencomputern für Kultur
und Gesellschaft dargestellt werden, werden sie also in eine
Relation zu den ubiquitären Nutzungen konventioneller Digitalcomputer als Medien gesetzt.

---

[23]Einen medienwissenschaftlichen Überblick gibt Warnke (2005), (2013)
und (2014).

[24]Gleichzeitig entsteht mit der heraufziehenden Quantenkryptographie eine
möglicherweise prinzipiell nicht zu knackende Verschlüsselung (Singh
2017, S. 400 ff.; Warnke 2014).

Derartige Analogien zwischen neuen und etablierten Technologien sind für die Imagination neuer Medien typisch (Balbi 2015). Ihre Einbettung in die zu Beginn des 21. Jahrhunderts global verbreitete und als alternativlos angesehene ›digitale Medienkultur‹ sichert dem Quantencomputer seine Relevanz als eine derzeit erhoffte Technikzukunft. Die Bestimmung der Medialität von Quantencomputern ist jedoch eine enorme Herausforderung, an die sich derzeit noch eine Reihe völlig ungeklärter Fragen knüpft. Mit einer gewissen Zwangsläufigkeit ruft dies die Science-Fiction auf den Plan. Zu erinnern ist in diesem Zusammenhang an die Feststellung Arthur C. Clarkes, dass Science-Fiction durch den ihr eigenen imaginativen Ausgriff in das Unmögliche die Grenzen des Möglichen bestimmbar macht. Inwiefern das beim Quantencomputer der Fall ist, demonstriert der chinesische Science-Fiction-Autor Cixin Liu.

Im Jahr 2008 veröffentlicht Liu den ersten Band seiner Trilogie *Remembrance of Earth's Past* unter dem Titel *The Three-Body Problem* (auf Deutsch *Die drei Sonnen).* Die verwickelte Geschichte der Trilogie kann hier nicht wiedergegeben werden. Allein auf einen »diegetischen Prototypen« kommt es im vorliegenden Kontext an: die sogenannten »Sophons«, ultrakleine, außerirdische Quantencomputer.

Die Roman-Trilogie beschreibt die fatalen Folgen eines ›First Contacts‹ mit der fremden Zivilisation der Trisolarier. Die Trisolarier leben auf einem instabilen Heimatplaneten im nahegelegenen Alpha-Centauri-System und betrachten die Erde als eine Chance für das Überleben ihrer Spezies. Technisch sind die Aliens der Menschheit viele hundert Jahre voraus und schicken denn auch nach dem Erstkontakt prompt eine Invasionsflotte auf den Weg. Aufgrund der Geschwindigkeit der Raumschiffe benötigt die Flotte 450 Jahre zur Erde. Dieser Zeitraum ist ein ernstes Problem. Denn wie die Aliens durch die Kommunikation mit menschlichen Kollaborateuren herausfinden, schreitet die technologische Entwicklung der Menschheit sehr viel schneller voran als ihre eigene. Für die geplante Invasion steht zu befürchten, dass sie scheitern wird, sollte die technologische Entwicklung der Erde weitere 450 Jahre ungestört verlaufen.

Wie also lässt sich das Eintreten des potenziell bedrohlichen technologischen Fortschritts verhindern?

Als Lösung beschließen die Trisolarier, einen »Lockdown« des wissenschaftlichen Fortschritts auf der Erde zu erzwingen. Dies führt zu besagten »Sophons«. Sophons sind protonengroße Quantencomputer, die über Künstliche Intelligenz verfügen und aufgrund ihrer extrem kleinen Größe auf annähernd Lichtgeschwindigkeit beschleunigt werden können. Dies versetzt die Trisolarier in die Lage, die Sophons bereits nach vier Jahren im Orbit der Erde zu platzieren. Die Aufgabe dieser Wundermaschinen für die nächsten knapp 450 Jahre ist einfach: Überwachung und Sabotage. Fünf Aspekte der Ausgestaltung der Sophons in den Romanen sind wichtig:

1. Um die Sophons zu bauen, ›entfalten‹ die Trisolarier ein Proton als zweidimensionales ›Blatt‹ in der Umlaufbahn ihres Planeten. Die Wechselwirkungskräfte ermöglichen es, Schaltkreise auf das zweidimensionale Blatt zu ätzen und das Ganze dann wieder auf seine subatomare Größe einzufalten. Wir finden also das Motiv der mehrdimensionalen Faltung und Entfaltung von Materie auf subatomarer Ebene. → Dies ist eine Projektion der aktuell offenen Frage der Materialität von Quantencomputern in eine ferne Zukunft des subatomaren Computings.
2. Konstruiert werden zwei verschränkte Sophon-Paare, die jeweils aus einem Sophon auf der Erde und einem auf Trisolaris bestehen. Zusammen bilden diese beiden Paare ein Netzwerk, das eine Echtzeit-Kommunikation zwischen Trisolaris und der Erde über Quantenverschränkung ermöglicht. → Das entspricht gegenwärtigen Diskursen zu einem zukünftigen »Quanteninternet« (Fürnkranz 2019).
3. Im chinesischen Original werden die Sophons als »Sophonts« bezeichnet.[25] Der Name bedeutet »intelligente Kreatur«.

---

[25]Siehe dazu Poetry in Physics (2017). Cixin Liu ist ein ausgesprochener Befürworter von künstlicher Superintelligenz, siehe etwa Liu (2016).

Sophons sind selbstbewusste künstliche Intelligenzen. →
Gegenwärtig werden die Effekte von Quantencomputern für
die Weiterentwicklung von Künstlicher Intelligenz intensiv
diskutiert.

4. Sophons können auf der Erde die Kommunikation über-
wachen und die Materie durchdringen,[26] aber keine Gedanken
lesen. Die Sophons sind eine politische Metapher für die
totale Überwachung von Kommunikation. → Mit Quantencomputern verbindet sich derzeit die Sorge, dass durch den
Verlust von Verschlüsselungsmöglichkeiten alle digitale
Kommunikation transparent wird.

5. Die Fähigkeit, die Mikro-Dimensionen des Universums
durch Prozesse der Faltung und Entfaltung von Materie zu
kontrollieren, gilt in den Romanen als Maßstab zur Ver-
anschaulichung des technologischen Fortschritts einer
Zivilisation.[27] Sophons sind eine zukünftige Form von
Medialität, in der die Materie selbst mediatisiert ist. →
Gegenwärtig wird eine Anwendungsmöglichkeit von
Quantencomputern darin gesehen, Moleküle zu simulieren,
die bisher nicht simulierbar sind (Gibney 2017, S. 10 f.).

Die Idee einer Manipulation und Störung des Fortschritts durch
noch fortschrittlichere Computer, die Liu mit den Sophons
etabliert, ist interessant.[28] Quantencomputer werden in den
Romanen als die ›natürliche‹ evolutionäre Weiterentwicklung
des Computings angesehen. Die Menschheit kann die nächste

---

[26]An einem Punkt sagt »Sophon One« ausdrücklich: »I can see the control
center, everyone inside, and the organs inside everyone, even the organs
inside the organs« (Liu 2015, S. 410).

[27]In einem Dialog gegen Ende des ersten Romans stellt eine Person fest: »I
just want to point out this fact: In the universe, an important mark of a
civilization's technological advancement is its ability to control and make
use of micro dimensions« (Liu 2015, S. 357).

[28]In einschlägigen Physiker-Zirkeln wird Cixin Lius imaginative Ausgestaltung physikalischer Gesetze allerdings sehr kritisch diskutiert (Poetry
in Physics 2016, 2017).

Stufe des Computings aufgrund des »Sophon-Lockdowns« nicht erreichen. Diese Stufe wäre eine Kontrolle der Dimensionalität der Materie durch den Einsatz von Quantencomputern gewesen. ›Post-Digitalität‹ ist bei Cixin Liu ein Zustand, *in dem das Eintreten der technologischen Zukunft verhindert wird.* Da sie auf Technologien angewiesen bleibt, die aus dem ausgereizten Paradigma der konventionellen Computer hervorgehen, steht die Menschheit vor der Vernichtung.

Cixin Liu wendet die Figur des ›Post-Digitalen‹ damit ins Apokalyptische: Kittlers Vorhersage, dass konventionelle Computer am Ende der Mediengeschichte stehen, wird in eine Dystopie gedreht. Im Gegenbild illustrieren die Romane damit aber auch die Bedeutung, welche die Imagination neuer Medientechnologien *als zukünftiger Medien* hat. In Lius fiktiver Welt werden die Möglichkeiten neuer Technologien in dem Moment bedrohlich, in dem die Menschen die Kontrolle über die erwartbare Zukunft der Technik entgleitet. Für Cixin Liu besteht das potenzielle Menschheitstrauma also nicht darin, dass sich die Maschinen als künstliche Superintelligenz selbstständig machen, sondern dass der technische Fortschritt nicht schnell genug geht. Die Sophons verhindern, dass die Menschheit die nötigen Zukunftstechnologien entwickelt. Dieser futuristische Subtext der Romane symbolisiert nicht nur einen ungebrochenen ›sinofuturistischen‹ Fortschrittsoptimismus, sondern steht auch für die Vereinnahmung der Science-Fiction durch die von Kodwo Eshun kritisierte »Zukunftsindustrie«. Science-Fiction als Propaganda des bedingungslosen Fortschritts?

Ganz so einfach kann man es sich nicht machen. Lius Romane sind auch eine mitunter zynische und hinterlistige Analyse der Bruchstellen dieses eindimensionalen Denkens. Über das Motiv der ›Aliens‹, welche die Menschen mit einer ihnen vollkommen fremden, aber als solche identifizierbaren Technologie konfrontieren, transportieren sie die Idee einer irreduziblen Fremdheit von Technologie (Schüttpelz 2019, S. 415). Dies gilt umso mehr angesichts des *realen* »Futuribles«, dem man sich gegenwärtig mit dem Quantencomputer gegenübersieht – also der realen Möglichkeit, dass Quantencomputer die bizarre und nur schwer mit dem Alltagsverstand vereinbare Realität von

Quanteneffekten für die komputationale Nutzung erschließen. Die Botschaft der Romane besteht daher auch darin, festzustellen, dass die Zukunft offener ist, als es alle Fantasien über eine mediale Kontrolle der Zukunft den Anschein haben lässt. Es gibt im Mikro- wie im Makrokosmos ein radikal fremdes ›Außen‹, das von keiner KI kontrolliert und vorberechnet werden kann.

Zukünftige Medien – Radikale Imagination und ›Immutable Futures‹

Die Ausgangsüberlegung dieses Buches war es, zu skizzieren, wie neue Medien als zukünftige Medien imaginiert werden. Die Imagination als ›Zukunftsmedien‹ gehört zu den elementarsten Bestandteilen der ›Rhetorik des Neuen‹. Dieses Verhältnis ist komplizierter, als es auf Anhieb erscheint. Die Verbindung zwischen neuen Medien und zukünftigen Medien geht tiefer, als dass sie ›nur‹ ein Problem der Rhetorik wäre, in die neue Medien eingekleidet sind. Das imaginary für die Zukunft der tief in den Alltag integrierten ›smart devices‹ besagt, dass zukünftige Medien solche Medien sind, welche die Zukunft selbst ›vermitteln‹.

Was folgt daraus? Eine kulturkritische Deutung haben Armen Avanessian und Mahan Moalemi vorgelegt. Ihrer Einschätzung nach existieren derzeit Mechanismen, welche die Zukunft *vor* der Gegenwart stattfinden lassen – und somit »die ›Zeit‹ entsprechend nicht mehr aus der Vergangenheit kommt – oder spontan der Gegenwart entspringt –, sondern uns aus der Zukunft überfällt« (Avanessian und Moalemi 2018, S. 16). Diese Zuspitzung wird mit der Feststellung verbunden, dass die gegebene mediale Vermittlung von Zukunft es nötig macht, heterogene Zukunftsvorstellungen zu Wort kommen zu lassen, die auf Bruchstellen in den dominanten Zukunftsnarrativen hinweisen. Den kritischen Impuls kann man aufgreifen, muss ihn aber auch zu nehmen wissen. Wenn diese Aussage eine

© Springer Fachmedien Wiesbaden GmbH, ein Teil von Springer Nature 2020
C. Ernst und J. Schröter, *Zukünftige Medien*, Medienwissenschaft: Einführungen kompakt, https://doi.org/10.1007/978-3-658-30059-3_5

deskriptive Beschreibung des ›Ist‹-Zustandes sein soll, dann geht sie den imaginaries rund um die»Medien des 21. Jahrhunderts«(Mark Hansen), *also der Vermittlungsfunktion von imaginaries selbst,* möglicherweise auf den Leim. Als Aussage über die realen Fähigkeiten von ›predictive analytics‹, wie sie in den Datencentern betrieben wird, ist diese Feststellung problematisch. Sie liest sich wie eine Neuauflage einer durch die postmoderne Philosophie der 1980er-Jahre geprägten Affirmation genau der»technomythscape«(Dourish und Bell 2011, S. 2), die sich rund um die zeitgenössischen ›preemptive technologies‹ gebildet hat.[1]

Bezüglich der realen Möglichkeiten faktischer Vorhersagen sind die Arbeiten analytischer Philosophen wie Nicholas Rescher instruktiver. Rescher seziert detailliert die Schwierigkeiten von Zukunftsvorhersagen vor einem fundierten wissenschaftstheoretischen Hintergrund. ›Echte‹ Vorhersagen vom Typ»Es *wird* so sein«– und nicht»Es wird *möglicherweise* so sein«– sind technisch bis dato nur in sehr eng umgrenzten Kontexten möglich, in denen stabile Prozesse beobachtbar sind. Da man für eine Vorhersage stabile Muster und Gesetze identifizieren muss, können nicht über alle Dinge in der Welt gleichermaßen gute Vorhersagen gemacht werden (vgl. Rescher 1998, S. 137 ff.). Naturgesetze erlauben bessere Vorhersagen als soziokulturelle Gesetze (vgl. Rescher 1998, S. 70). Nach Rescher ist für Vorhersagen nicht die Stabilität von Phänomenen entscheidend, sondern die Stabilität von Prozessen (vgl. Rescher 1998, S. 137). Aufgrund dieser Prozessstabilität sind die Gegenstände der Ingenieurswissenschaften relativ sicher vorhersagbar. In der Medizin herrscht in Bezug auf Krankheitsverläufe eine akzeptable Vorhersagbarkeit. In der Wirtschaft sind Vorhersagen hingegen kaum mehr möglich. Und in politischen oder

---

[1]Das ist ein generelles Problem neuerer ›post-postmoderner‹ Ansätze. Richard Barbrook (2007, S. 10) ist zuzustimmen:»Contrary to its self-image as the new theory of the information age, postmodernism was itself an ideological symptom of the hegemony of hi-tech prophecies.«

kulturellen Prozessen ist die Vorhersagbarkeit miserabel (vgl. Rescher 1998, S. 90).

Anstatt das imaginary, dass Medien ›preemptiv‹ agieren, zu essenzialisieren, muss man es als genau das nehmen, was es ist: ein imaginary. Die Differenz zwischen Schein und Sein, Illusion und Wahrheit wird mit dieser Einschätzung nicht festgeschrieben. Wie Cornelius Castoriadis zeigt, sind Imagination und Imaginäres ein konstitutiver Teil der Realität, wird gesellschaftliche Wirklichkeit im Rückgriff auf das Imaginäre ›instituiert‹. Die hier referierten Ansätze aus den Science & Technology Studies zeigen die Komplexität dieser Prozesse. Imaginäre Medien wie der Computer HAL 9000 aus *2001: A Space Odyssey* oder die »Holosphere« aus *Minority Report* sind als diegetische Prototypen spezifische Idealisierungen möglicher Gebräuche auf der Ebene kommunikativer Makrostrukturen, die als solche in einem tief in das Imaginäre zurückreichenden Kontinuum der Schematisierung stehen. Schematisierung heißt ›Subsumption‹, ›Kategorisierung‹, ›Typisierung‹ – also eine Ordnung, die für Hartmut Winkler (2008, S. 76), aber auch für Castoriadis (1990, S. 285 ff.) vor allem eine Frage des Gebrauchs von Zeichen ist.

Nach Castoriadis benötigt die Imagination die Zeichen als ein Verfahren der Repräsentation von ›etwas *als* etwas‹, um kulturell und sozial Bedeutung zu gewinnen. Die Unterteilung des Imaginären in ein radikales, peripheres, zentrales und aktuales Imaginäres bei Castoriadis ist von uns hier zweifelsohne vereinfacht wiedergegeben worden. Sie zeigt aber dennoch sehr klar ein *semiotisches Kontinuum des Imaginären,* das imaginaries als umgrenzte, geschichtlich wandelbare Formationen lesbar macht, die in einen größeren Kontext des Imaginären eingebettet sind. Begreift man imaginaries als derartige Ausschnitte, sind sie insbesondere im zentralen und aktualen Imaginären wirksam, also dem, was wir mit einer Technologie als ›normale‹, ›natürliche‹ Zukunft verbinden. Weil es aber um das Abdecken zeichenhafter Bedeutung *im Ganzen* geht, sind imaginaries nicht auf *ein* spezifisches mediales Format begrenzt (Spielfilme, Bücher etc.). Für Castoriadis erlaubt uns die Imagination, ein reales oder fiktives Medium A auf einen zukünftigen – also abwesenden – Zustand

B hin zu beobachten. Dies geschieht in einem Akt des »etwas durch etwas anderes zu bilden/zu gestalten« (Castoriadis 1990, S. 423), was bedeutet, »in einem Ding ein anderes – oder: ein Ding anders als es ist – zu sehen« (Castoriadis 1990, S. 218). Analogien und Metaphern sind dabei besonders wichtig und in über verschiedene Medien verteilten diskursiven Formaten enthalten.

Viel gewinnt man nicht, wenn man imaginaries in der Kultur- und Medienwissenschaft unter Vorzeichen von Begriffen wie ›Intermedialität‹ oder ›Mediendifferenz‹ traktiert. Solche Analysen bleiben oberflächlich. Wenn – wie Sheila Jasanoff feststellt – Technologie immer auch materiell gewordene Normativität ist, dann muss man vielmehr von der Gedanken-figur einer Zirkulation zwischen Zeichen und Materialität her denken (Winkler 2004a, 2008), die insbesondere auch die Spannungen zwischen kultureller Bedeutung und materieller Realität – Castoriadis' Metapher dafür ist das ›Magma‹ – beachten muss. Aktuales Imaginäres ist an situative Interaktion gebunden, wird dort aber durch die Schemata des zentralen Imaginären geprägt, die es wiederum durch die Aktualisierung wiederholend festschreibt. Sheila Jasanoff oder David Kirby bestehen deshalb auf einer ›performativen‹ Dimension von imaginaries. Die Imagination zukünftiger Medien erfolgt also auch durch eine ›Erfahrbarmachung‹ neuer Medientechno-logie – sei es als phantasmagorisches Feuerwerk im modernen Science-Fiction-Film, sei es als eher unbefriedigende Dis-krepanz zwischen Wunsch und faktischer ›Usability‹ oder als ›magische‹ Illusion und ›Zauberei‹. Beides deckt sich mit Wally Smiths Analyse des Theaters des Gebrauchs und Patrice Flichys Betonung der Rolle von Prototypen und Grenzobjekten für die kollektive Verfertigung neuer Medien.

Imaginaries müssen – dafür ist der Ansatz von Patrice Flichy hilfreich – deshalb als von Spannungen durchzogene Komplexe verstanden werden, in denen das radikale Imaginäre gewissermaßen ›insistiert‹ und sie aufbrechen kann. Schaffen es Prototypen und Grenzobjekte einerseits, die widerstrebenden Interessen größerer Kollektive von Akteuren zu vereinigen und zu homogenisieren, also Verdichtungen von Imaginärem zu ermöglichen, so schließt das andererseits nicht aus, dass es zu überraschenden Abweichungen kommen kann. In Philosophie und Kulturtheorie ist umfassend analysiert worden, dass Performativität ein nicht festgelegtes Veränderungspotenzial in sich trägt (Wirth 2002). Kein imaginary ist in der Lage, genau festzulegen, was wir in der Praxis tun oder was wir in etwas sehen. Umso mehr gilt dies in sich schnell verändernden Situationen des Technologie- und Medienwandels. Was die Quantencomputer als die derzeit neuen ›Wundermaschinen‹ beispielsweise mit Blick auf das imaginary einer ›preemptiven‹ Vorwegnahme von Zukunft irgendwann leisten können, ist gegenwärtig fast unmöglich zu sagen. Allemal absehbar ist aber, dass diese Zukunft nicht mehr nur in den Laboren im Silicon Valley verfertigt wird, sondern auch in anderen Teilen der Welt, allen voran in China. Die durch den Ethnofuturismus eingebrachte Analyse kulturell differenter »Gegenzukünfte« (Avanessian und Moalemi 2018, S. 14), ist hier ein entscheidendes kritisches Korrektiv. Doch Korrektiv gegen was?

Richard Barbrook weist in seinem Buch *Imaginary Futures* darauf hin, dass sich die Faszination für neue Medienzukünfte auf die Pluralisierung der Zukunft in den 1960er-Jahren zurückführen lässt. Sein zentrales Argument kann man hier verkürzt und für den vorliegenden Zweck adaptiert so wiedergeben: Die eigentliche Frage, die wir uns stellen müssen, ist nicht, welche *spezifischen* ›neuen‹ Medien in der Zukunft erscheinen werden, sondern warum die soziale Zukunft und die zukünftigen Lebensformen, die uns in Form *von* ›Neuen Medien‹ und *durch* neue Medien versprochen wurden, nie Wirklichkeit geworden sind, warum sich also seit den 1960er-Jahren trotz vielfältiger Versprechen sozialen Wandelns, bei breiterer Betrachtung, an der Grundstruktur der Gesellschaft und der sozialen Ordnung gar nicht sonderlich viel geändert hat. Wie Barbrook mit Blick auf die historischen Wurzeln von imaginaries rund um Künstliche Intelligenz und die Idee einer postindustriellen Informationsgesellschaft feststellt, ist das eigentlich Erklärungsbedürftige also, dass diese imaginaries, die in den 1960er-Jahren entstanden sind, noch immer verfangen. Lakonisch bemerkt er:»the future is what it used to be«(Barbrook 2007, S. 6).[2]

Als Gegengift gegen die Innovations-Mythen der Tech-Konzerne und das hektisch auf sie reagierende politische Agenda-Setting ist Barbrooks kritische Intervention aufschluss-reich. Sie entlarvt die Analogie neuer Medien *als* zukünftige Medien, indem sie das freilegt, was im alltäglichen Feuer-werk der medientechnologischen Innovations- und Zukunfts-versprechen abgeblendet ist: die Trägheit des Wandels, die Kontinuität der Prozesse, die Unveränderlichkeit der Herr-schaftsverhältnisse. Zukunft ist eben auch: das Fortbestehen der real existierenden Verhältnisse. Dabei verwendet Barbrook eine Formulierung, die wir an dieser Stelle in eine Schlussperspektive umwandeln möchten.

Beiläufig spricht er von einer »immutable future« bzw. »immutable imaginary future«(Barbrook 2007, S. 10, 286) – also einer ›unveränderlichen imaginären Zukunft‹. Im Anschluss an die STS ist es in der zeitgenössischen Medientheorie üblich geworden, Medien mit dem Wissenschaftsforscher und Sozio-logen Bruno Latour als »immutable mobiles« zu analysieren (Latour 2006). »Immutable futures« und »immutable mobiles« haben theoriehistorisch nichts miteinander zu tun; dass wir sie hier parallelisieren, geschieht rein auf assoziativer Grund-lage. Für Latour handelt es sich bei »immutable mobiles« um »Objekte […], die mobil, aber auch *unveränderlich, präsentier-bar, lesbar* und miteinander *kombinierbar* sind« (Latour 2006, S. 266). Der Medienwissenschaftler Erhard Schüttpelz hat diese ›Unveränderlichkeit‹ pointiert als »Mobilität und Zeichen-konstanz« gefasst (Schüttpelz 2009, S. 70). Mobilität heißt: die Ausdehnung von »immutable mobiles« im Raum; Zeichen-konstanz heißt: Die Zeichen werden von »immutable mobiles«

---

[2]Mit dieser Diagnose steht Barbrook nicht allein, sie wird in zahlreichen Titeln der hier referenzialisierten Forschungsliteratur geteilt. So vermutet Eric Kluitenbergs (2006a, S. 17), dass gerade die Unveränderlichkeit der immer gleichen imaginaries einen tiefergreifenden Effekt auf die Medien-geschichte hatte,»than the actual realization of machines«.

fixiert. In Kombination beschreiben beide Attribute ein mächtiges Wirkprinzip von Medien. Sie finden sich in so unterschiedlichen Kontexten wie Buchdruck, Linearperspektive, Camera Obscura oder auch Diagrammen und Statistiken (Schüttpelz 2009, S. 70). Gedacht werden sie dabei nicht als große Makrostrukturen, sondern als kleine Vorteile im Alltag: Die Summe der kleinen praktischen Vorteile von Mobilität und Zeichenkonstanz macht den Gesamteffekt (Schüttpelz 2009, S. 70 ff.).

Will man nun aber das imaginary der Medien des 21. Jahrhunderts, demzufolge zukünftige Medien die Zukunft selbst vermitteln, fassbar machen, dann muss die Analyse der großen Medienutopien auf diese Ebene des Alltags zurückgebeugt werden.»Futurition« ist für einen durch den amerikanischen Pragmatismus beeinflussten Philosophen wie Nicholas Rescher nicht umsonst eine Sinnstruktur alltäglicher Praktiken. Die imaginaries der Medien des 21. Jahrhunderts setzen das »Futurible«, also die reale Möglichkeit, dass zukünftige Medien die Zukunft selbst vermitteln können, voraus. Wenn überhaupt, dann ereignet sich diese Zukunft auf der Ebene aktueller, ›smarter‹»immutable mobiles«. Die Frage bleibt, ob diese Zukunft nicht doch eher eine – mobil gewordene – Verlängerung und Verdichtung des Gleichen ist, also das, was Barbrook als »immutable imaginary future«bezeichnet hat. Deshalb ist die»radikale Imagination«, wie Castoriadis sie beschrieben hat, also eine Imagination, welche die Ränder und Grenzen von imaginaries sieht, bei der Analyse der zeitgenössischen Medienkultur wichtiger denn je.

Literatur

Acatech, Hrsg. 2012. *Technikzukünfte. Vorausdenken – Erstellen – Bewerten*. Heidelberg: Springer.

Aceland, Charles R., Hrsg. 2007. *Residual media*. Minneapolis: Univ. of Minnesota Press.

Andacht, Fernando. 2000. A semiotic framework for the social imaginary. Arisbe. The Peirce gateway. http://www.iupui.edu/~arisbe/menu/library/aboutcsp/andacht/socimagn.htm. Zugegriffen: 20. Juni 2019.

Anders, Günther. 1992. *Die Antiquiertheit des Menschen, Bd. 1: Über die Seele im Zeitalter der zweiten industriellen Revolution*. München: Beck.

Andersen, Peter Bogh, Berit Holmquist, und Jens Jensen, Hrsg. 1993. *The computer as medium*. Cambridge: Cambridge Univ. Press.

Anderson, Benedict. 1996. *Die Erfindung der Nation. Zur Karriere eines folgenreichen Konzeptes*. Frankfurt a. M.: Campus.

Andersson, Jenny. 2018. *The future of the world. Futurology, futurists, and the struggle for the post-cold war imagination*. Oxford: Oxford Univ. Press.

Andersson, Jenny, und Egle Rindzeviciute, Hrsg. 2015. *The struggle for the long-term in transnational science and politics. Forging the future*. New York: Routledge.

Appadurai, Arjun. 2013. *The future as cultural fact. Essays on the global condition*. New York: Verso.

Augé, Marc. 2015. *The future*. London: Verso.

Avanessian, Armen, und Mahan Moalemi, Hrsg. 2018. Ethnofuturismen: Befunde zu gemeinsamen und gegensätzlichen Zukünften. In *Ethnofuturismen*, Hrsg. Armen Avanessian, und Mahan Moalemi, 7–39. Leipzig: Merve.

© Springer Fachmedien Wiesbaden GmbH, ein Teil von Springer Nature 2020
C. Ernst und J. Schröter, *Zukünftige Medien*,
Medienwissenschaft: Einführungen kompakt,
https://doi.org/10.1007/978-3-658-30059-3

Bachmann, Götz. 2019. Strapping und Stacking. Eine Ethnografie der Suche nach einem Neuen Medium. In *Materialität der Kooperation*, Hrsg. Sebastian Gießmann, Tobias Röhl, und Ronja Trischler, 275–300. Wiesbaden: Springer VS.

Baecker, Dirk. 2005. *Form und Formen der Kommunikation*. Frankfurt a. M.: Suhrkamp.

Baecker, Dirk. 2007. *Studien zur nächsten Gesellschaft*. Frankfurt a. M.: Suhrkamp.

Balbi, Gabriele. 2015. Old and new media. Theorizing their relationships in media historiography. In *Theorien des Medienwandels*, Hrsg. Susanne Kinnebrock, Christian Schwarzenegger, und Thomas Birkner, 231–249. Köln: Halem.

Balbi, Gabriele, und Paolo Magaudda. 2018. *History of digital media. An intermedial and global perspective*. Abingdon-on-Thames: Routledge.

Barbrook, Richard. 2006. New York Prophecies. In *The book of imaginary media. Excavating the dream of the ultimate communication medium*, Hrsg. Eric Kluitenberg, 255–278. Rotterdam: De Balie / NAi Pub.

Barbrook, Richard. 2007. *Imaginary futures. From thinking machines to the global village*. London: Pluto.

Barbrook, Richard, und Andy Cameron. 1995. The californian ideology. http://www.imaginaryfutures.net/2007/04/17/the-californian-ideology-2/. Zugriffen: 14. Febr. 2020.

Baudrillard, Jean. 1991. Simulacra and science fiction. *Science Fiction Studies* 18 (3): 309–313.

Baudrillard, Jean. 1994. Die Simulation. In *Wege aus der Moderne. Schlüsseltexte der Postmoderne-Diskussion*, Hrsg. Wolfgang Welsch, 153–162. Berlin: Akademie.

Baumgärtel, Tilman. 2019. Das Programm ist so intelligent wie sein Publikum. Piazza Virtuale im Spiegel der Presse (unveröffentlichtes Manuskript).

Behr, Manfred. 2007. Präkognition oder Prävention: Überlegungen zu einem Dilemma am Beispiel von Stephen Spielbergs Science-Fiction-Film *Minority Report* (USA 2002). In *Zukunftszeichen. Semiotik und Futurologie* (=Zeitschrift für Semiotik 29, 2–3), Hrsg. Karlheinz Steinmüller, 243–254. Tübingen: Stauffenburg.

Bell, Genevieve, und Paul Dourish. 2006. Yesterday's tomorrows: Notes on ubiquitous computing's vision. *Personal and Ubiquitous Computing* 11 (2): 133–143.

Beyes, Timon, Jörg Metelmann, und Claus Pias, Hrsg. 2017. *Nach der Revolution. Ein Brevier digitaler Kulturen*. Berlin: Tempus.

Bieber, Christoph, und Claus Leggewie, Hrsg. 2004. *Interaktivität. Ein transdisziplinärer Schlüsselbegriff*. Frankfurt a. M.: Campus.

Bloor, David. 1976. *Knowledge and social imaginary*. Chicago: The Univ. of Chicago Press.

Boddy, William. 2004. *New media and popular imagination. Launching radio, television, and digital media in the United States*. Oxford: Oxford Univ. Press.

Bolter, Jay D., und Richard A. Grusin. 2000. *Remediation. Understanding new media*. Cambridge: The MIT Press.

Bolz, Norbert, Friedrich A. Kittler, und Georg Christoph Tholen, Hrsg. 1994. *Computer als Medium*. München: Fink.

Borup, Mads, Nik Brown, Kornelia Konrad, und Harro Van Lente. 2006. The sociology of expectations in science and technology. *Technology Analysis & Strategic Management* 18 (34): 285–298.

Bostrom, Nick. 2014. *Superintelligenz. Szenarien einer kommenden Revolution*. Berlin: Suhrkamp.

Bowler, Peter J. 2017. *A history of the future. Prophets of progress from H.G. Wells to Isaac Asimov*. Cambridge: Cambridge Univ. Press.

Brate, Adam, Hrsg. 2002. *Technomanifestos. Visions from the information revolutionaries*. New York: Texere.

Breuer, Henning. 2001. *Kultivation und Imagination in den Neuen Medien*. Marburg: Universität Marburg Diss.

Brown, Nik, Brian Rappert, und Andrew Webster. 2000. Introducing contested futures: From *Looking into* the future to *Looking* at the future. In *Contested futures. A sociology of prospective techno-science*, Hrsg. Nik Brown, Brian Rappert, und Andrew Webster, 3–20. Aldershot: Ashgate.

Bruns, Karin, und Ramon Reichert, Hrsg. 2007. *Reader Neue Medien. Texte zur digitalen Kultur und Kommunikation*. Bielefeld: transcript.

Bühler, Benjamin, und Stefan Willer, Hrsg. 2016. *Futurologien: Ordnungen des Zukunftswissens*. Paderborn: Fink.

Castoriadis, Cornelius. 1990. *Gesellschaft als imaginäre Institution. Entwurf einer politischen Philosophie*. Frankfurt a. M.: Suhrkamp.

Ceruzzi, Paul E. 1986. An unforeseen revolution: Computers and expectations, 1935–1985. In *Imagining tomorrow. History, technology, and the American future*, Hrsg. Joseph Corn, 188–201. Cambridge: The MIT Press.

Ceruzzi, Paul E. 2011. Manned space flight and artificial intelligence: ›Natural‹ trajectories of technology. In *Science fiction and computing. Essays on interlinked domains*, Hrsg. David L. Ferro und Eric G. Swedin, 95–116. Jefferson: McFarland & Company.

Clarke, Ignatius F. 1979. *The pattern of expectation, 1644–2001*. London: Cape.

Clarke, Arthur C. 1984. *Profile der Zukunft. Über die Grenzen des Möglichen*. München: Wilhelm Heyne.

Corn, Joseph J., und Brian Horrigan. 1984. *Yesterday's tomorrows. Past visions of the American future*. New York: Summit Books.

Cramer, Florian, und Matthew Fuller. 2008. Interface. In *Software studies. A lexicon*, Hrsg. Matthew Fuller, 149–152. Cambridge: The MIT Press.

Cuneo, Joshua. 2011. ›Hello, Computer‹: The Interplay of Star Trek and Modern Computing. In *Science fiction and computing. Essays on interlinked domains*, Hrsg. David L. Ferro und Eric G. Swedin, 131–147. Jefferson: McFarland & Company.

Daniels, Dieter. 2002. *Kunst als Sendung. Von der Telegrafie zum Internet.* München: Beck.

Dierkes, Meinolf, Ute Hoffmann, und Lutz Marz. 1992. *Leitbild und Technik. Zur Entstehung und Steuerung technischer Innovationen.* Berlin: Edition Sigma.

Dourish, Paul, und Genevieve Bell. 2011. *Divining a digital future. Mess and mythology in ubiquitous computing.* Cambridge: The MIT Press.

Dourish, Paul, und Genevieve Bell. 2014. ›Resistance Is Futile‹: Reading science fiction alongside ubiquitous Computing. *Personal and Ubiquitous Computing* 18:769–778. https://doi.org/10.1007/s00779-013-0678-7.

Druckrey, Timothy. 2006. Imaginary futures. In *The book of imaginary media. Excavating the dream of the ultimate communication medium*, Hrsg. Eric Kluitenberg, 240–253. Rotterdam: De Balie / NAi Pub.

Eco, Umberto. 1984. *Apokalyptiker und Integrierte. Zur kritischen Kritik der Massenkultur.* Frankfurt a. M.: Fischer.

Einstein, Albert. 1929. What life means to Einstein. An Interview by George Sylvester Viereck. *The saturday evening post* (26.10.1929, 17, 110, 113, 114, 117).

Engell, Lorenz. 2003. Tasten, Wählen, Denken. Genese und Funktion einer philosophischen Apparatur. In *Medienphilosophie. Beiträge zur Klärung eines Begriffs*, Hrsg. Stefan Münker, Alexander Roesler, und Mike Sandbothe, 53–77. Frankfurt a. M.: Fischer.

Engell, Lorenz. 2014. Medientheorien der Medien selbst. In *Handbuch Medienwissenschaft,* Hrsg. Jens Schröter, unter Mitarbeit von Simon Ruschmeyer und Elisabeth Walke, 207–213. Stuttgart: Metzler.

Engemann, Christoph, und Andreas Sudmann. 2018. *Machine Learning – Medien, Infrastrukturen und Technologien der Künstlichen Intelligenz.* Bielefeld: transcript.

Ernst, Christoph. 2017a. Implizites Wissen, Kognition und die Praxistheorie des Interfaces. In *Medien, Interfaces und implizites Wissen* (=Navigationen. Zeitschrift für Medien- und Kulturwissenschaften 17, 2), Hrsg. Christoph Ernst und Jens Schröter, 99–115. Siegen: Universi.

Ernst, Christoph. 2017b. Medien und implizites Wissen. Einleitende Bemerkungen zu einer vielschichtigen Beziehung in der Ära des ›ubiquitous computing‹. In *Medien, Interfaces und implizites Wissen* (=Navigationen. Zeitschrift für Medien- und Kulturwissenschaften 17, 2), Hrsg. Christoph Ernst und Jens Schröter, 7–36. Siegen: Universi.

Ernst, Christoph, und Jens Schröter (Hrsg.). 2017. *Medien, Interfaces und implizites Wissen* (=Navigationen. Zeitschrift für Medien- und Kulturwissenschaften 17, 2). Siegen: Universi.

Ernst, Christoph, Irina Kaldrack, Jens Schröter, und Andreas Sudmann. 2019. Künstliche Intelligenzen. Einleitung in den Schwerpunkt. *Zeitschrift für Medienwissenschaft: Heft 21: Künstliche Intelligenzen* 11 (2): 10–19. https://doi.org/10.25969/mediarep/12616.

Eshun, Kodwo. 2018. Weiterführende Überlegungen zum Afrofuturismus. In *Ethnofuturismen*, Hrsg. Armen Avanessian, und Mahan Moalemi, 41–66. Leipzig: Merve.

Felt, Ulrike. 2013. Keeping technologies out: Sociotechnical imaginaries and the formation of a national technopolitical identity. http://citeseerx. ist.psu.edu/viewdoc/download?doi=10.1.1.461.5479&rep=rep1&type= pdf. Zugegriffen: 18. Feb. 2020.

Ferro, David L., und Eric G. Swedin, Hrsg. 2011. *Science fiction and computing. Essays on interlinked domains*. Jefferson: McFarland & Company.

Flichy, Patrice. 2007a. *The internet imaginaire*. Cambridge: The MIT Press.

Flichy, Patrice. 2007b. *Understanding technological innovation. A sociotechnical approach*. Cheltenham: Elgar.

Flichy, Patrice. 2014. The social imaginary of virtual worlds. In *The Oxford guide to virtuality*, Hrsg. Mark Grimshaw, 698–711. Oxford: Oxford Univ. Press.

Flusser, Vilém. 1990. Eine neue Einbildungskraft. In *Bildlichkeit*, Hrsg. Volker Bohn, 115–126. Frankfurt a. M.: Suhrkamp.

Flusser, Vilém. 1998. *Kommunikologie*. Frankfurt a. M.: Fischer.

Foucault, Michel. 1988. *Die Ordnung der Dinge. Eine Archäologie der Humanwissenschaften*. Frankfurt a. M.: Suhrkamp.

Frank, Scott. 2003. Reel reality: Science consultants in hollywood. *Science as Culture* 12 (4): 427–469.

Franklin, H. Bruce. 2008. *War stars. The superweapon and the American imagination*. Amherst: Univ. of Massachusetts Press.

freeCodeCamp. 2017. The absolute worst technology predictions of the past 150 years. https://www.freecodecamp.org/news/worst-tech-predictions-of-the-past-100-years-c18654211375/. Zugegriffen: 22. Nov. 2019.

Friedewald, Michael. 1999. *Der Computer als Werkzeug und Medium. Die geistigen und technischen Wurzeln des Personal Computers*. Berlin: Verlag für Geschichte der Naturwissenschaften und der Technik.

Fürnkranz, Gösta. 2019. *Vision Quanteninternet. Ultraschnell und hackersicher*. Berlin: Springer.

Gartenberg, Chaim. 2017. Even Steve Jobs didn't understand what the iPhone truly was. The iPhone killed the concept of a phone as we knew it (The Verge). https://www.theverge.com/2017/6/29/15889300/ iphone-killed-phone-steve-jobs-10th-anniversary-texting-internet-communication. Zugegriffen: 10. Sept. 2019.

Geels, Frank W., und Wim A. Smit. 2000. Lessons from failed technology futures: Potholes in the road to the future. In *Contested futures. A sociology of prospective techno-science*, Hrsg. Nik Brown, Brian Rappert, und Andrew Webster, 129–155. Aldershot: Ashgate.

Gehring, Petra. 2018. Abschied von der Welt simulierter Hyperrealität. Vergesst Baudrillard – leider. *der blaue reiter* 41 (1): 67–71.

Gendler, Tamar. 2019. Imagination. Stanford encyclopedia of philosophy. https://plato.stanford.edu/entries/imagination. Zugegriffen: 13. Juni 2019.

Gertenbach, Lars. 2011. *Cornelius Castoriadis: Gesellschaftliche Praxis und radikale Imagination*. Wiesbaden: Springer VS.

Gibney, Elizabeth. 2017. Mission Quantencomputer. *Spektrum der Wissenschaft Kompakt* (Themenheft: Welt der Qubits. Auf dem Weg zum Quantencomputer): 4–11.

Gibson, William. 1998. *Neuromancer*. München: Heyne.

Gidley, Jennifer. 2017. *The future. A very short introduction*. Oxford: Oxford Univ. Press.

Giesel, Katharina D. 2007. *Leitbilder in den Sozialwissenschaften. Begriffe, Theorien und Forschungskonzepte*. Wiesbaden: Springer VS. https://doi.org/10.1007/978-3-531-90731-4.

Gitelman, Lisa. 2006. *Always already new. Media, history and the data of culture*. Cambridge: The MIT Press.

Gitelman, Lisa, und Geoffrey B. Pingree, Hrsg. 2003. *New media, 1740-1915*. Cambridge: The MIT Press.

Glaubitz, Nicola, Henning Groscurth, Katja Hoffmann, Jörgen Schäfer, Jens Schröter, Gregor Schwering, und Jochen Venus. 2011. *Eine Theorie der Medienumbrüche 1900/2000*. Siegen: Universi.

Godhe, Michael, und Luke Goode. 2018. Critical future studies – A thematic introduction. *Culture Unbound* 10 (2): 151–162.

Goffmann, Erving. 1993. *Rahmen-Analyse. Ein Versuch über die Organisation von Alltagserfahrungen*. Frankfurt a. M.: Suhrkamp.

Golańska, Dorota. 2009. From the visible to the visual. Negotiating the technological in American cinematic SF. In *Tools of their tools. Communications technologies and American cultural practice*, Hrsg. Grzegorz Kość und Krzyztof Majer, 161–181. Newcastle upon Tyne: Cambridge Scholars Publishing.

Goode, Luke, und Michael Godhe. 2017. Beyond capitalist realism – Why we need critical future studies. *Culture Unbound* 9 (1): 108–129.

Goodman, Nelson. 1997. *Sprachen der Kunst. Entwurf einer Symboltheorie*. Frankfurt a. M.: Suhrkamp.

Gramelsberger, Gabriele. 2011. *From science to computational sciences. Studies in the history of computing and its influence on today's science*. Zürich: diaphanes.

Gramelsberger, Gabriele. 2016. Simulationsmodelle. *Forum Interdisziplinäre Begriffsgeschichte (FIB)*. E-Journal 5 (1): 71–77.

Gramelsberger, Gabriele, und Suzana Alpsancar. 2015. 3D-Drucken als neuer technischer Weltbezug? Semiotisierung des Materialen und soziale Utopien der additiven Herstellung aus philosophischer Perspektive. *Sprache und Literatur* 46 (115–116): 52–84.

Grampp, Sven, Kay Kirchmann, Marcus Sandl, Rudolf Schlögl, und Eva Wiebel, Hrsg. 2008. *Revolutionsmedien-Medienrevolutionen.* Konstanz: UVK.

Greengard, Samuel. 2015. *The internet of things.* Cambridge: The MIT Press.

Greengard, Samuel. 2019. *Virtual reality.* Cambridge: The MIT Press.

Groos, Jan, und Richard Barbrook. 2019. Richard barbrook on imaginary histories (2019-12-01). https://www.futurehistories.today/#episoden-rp. Zugegriffen: 16. Jan. 2020.

Grudin, Jonathan. 2012. A moving target: The evolution of human-computer interaction. In *The human-computer interaction handbook: Fundamentals, evolving technologies, and emerging applications,* Hrsg. Julie A. Jacko, xxvii–lxi. Boca Raton: Taylor & Francis.

Grudin, Jonathan. 2017. *From tool to partner. The evolution of human-computer interaction.* San Raffael: Morgan & Claypool.

Grunwald, Armin. 2012. *Technikzukünfte als Medium von Zukunftsdebatten und Technikgestaltung.* Karlsruhe: Karlsruher Institut für Technologie (KIT).

Grusin, Richard A. 2010. *Premediation: Affect and mediality after 9/11.* Basingstoke: Palgrave Macmillan.

Habermas, Jürgen. 1988. *Der philosophische Diskurs der Moderne. Zwölf Vorlesungen.* Frankfurt a. M.: Suhrkamp.

Hahn, Marcus, und Erhard Schüttpelz, Hrsg. 2009. *Trancemedien und neue Medien um 1900. Ein anderer Blick auf die Moderne.* Bielefeld: transcript.

Hamit, Francis. 1993. *Virtual reality and the exploration of cyberspace.* Carmel: Sams.

Hansen, Mark B. N. 2010. New media. In *Critical terms for media studies,* Hrsg. William J. T. Mitchell und Mark B. N. Hansen, 172–185. Chicago: Univ. of Chicago Press.

Hansen, Mark B. N. 2011. Medien des 21. Jahrhunderts, technisches Empfinden und unsere originäre Umweltbedingung. In *Die technologische Bedingung. Beiträge zur Beschreibung der technischen Welt,* Hrsg. Erich Hörl, 365–409. Frankfurt a. M.: Suhrkamp.

Harrell, D. Fox. 2013. *Phantasmal media. An approach to imagination, computation, and expression.* Cambridge: The MIT Press.

Hartmann, Andreas, und Oliwia Murawska, Hrsg. 2015. *Representing the Future. Zur kulturellen Logik der Zukunft.* Bielefeld: transcript.

Haupts, Tobias. 2014. *Die Videothek. Zur Geschichte und medialen Praxis einer kulturellen Institution.* Bielefeld: transcript.

Haupts, Tobias, und Jens Schröter. 2011. Die Videothek – Situation und Filmspeicher. In *Mediengeschichte des Films. Bd. 7: Film im Zeitalter Neuer Medien I: Fernsehen und Video,* Hrsg. Harro Segeberg, 111–136. München: Fink.

Heidersberger, Benjamin. 1991. Die Digitale Droge. In *Cyberspace. Ausflüge in Virtuelle Wirklichkeiten*, Hrsg. Manfred Waffender, 52–65. Reinbek bei Hamburg: Rowohlt.

Heim, Michael. 1993. *The metaphysics of virtual reality*. Oxford: Oxford Univ. Press.

Hellige, Hans Dieter. 2008. Krisen- und Innovationsphasen in der Mensch-Computer-Interaktion. In *Mensch-Computer-Interface. Zur Geschichte und Zukunft der Computerbedienung*, Hrsg. Hans Dieter Hellige, 11–92. Bielefeld: transcript.

Hepp, Andreas. 2014. Mediatisierung/Medialisierung. In *Handbuch Medienwissenschaft,* Hrsg. Jens Schröter, unter Mitarbeit von Simon Ruschmeyer und Elisabeth Walke, 190–196. Stuttgart: Metzler.

Hilgartner, Stephen. 2000. *Science on stage: Expert advice as public drama. Writing science*. Stanford: Stanford Univ. Press.

Hilgartner, Stephen. 2015. Capturing the imaginary: Vanguards, visions, and the synthetic biology revolution. In *Science and democracy knowledge as wealth and power in the biosciences and beyond*, Hrsg. Stephen Hilgartner, Clark Miller, und Rob Hagendijk, 33–55. London: Routledge.

Hilgers, Philipp von 2008. *Kriegsspiele. Eine Geschichte der Ausnahmezustände und Unberechenbarkeiten*. München: Wilhelm Fink

Hiltzik, Michael A. 1999. *Dealers of lightning. Xerox parc and the dawn of the computer age*. New York: Harper.

Hölscher, Lucian. 2011. Zukunft und historische Zukunftsforschung. In *Handbuch der Kulturwissenschaften. Bd. 1: Grundlagen und Schlüsselbegriffe*, Hrsg. Friedrich Jaeger und Burkhard Liebsch, 401–416. Stuttgart: Metzler.

Hölscher, Lucian. 2016. *Die Entdeckung der Zukunft*. Göttingen: Wallstein.

Hörl, Erich. 2011. *Die technologische Bedingung. Beiträge zur Beschreibung der technischen Welt*. Berlin: Suhrkamp.

Iser, Wolfgang. 1991. *Das Fiktive und das Imaginäre. Perspektiven literarischer Anthropologie*. Frankfurt a. M.: Suhrkamp.

Jameson, Fredric. 2005. *Archaeologies of the future. The desire called utopia and other science fictions*. London: Verso.

Jasanoff, Sheila. 2015. Future imperfect. Science, technology, and the imagination of modernity. In *Dreamscapes of modernity. Sociotechnical imaginaries and the fabrication of power*, Hrsg. Sheila Jasanoff und Sang-Hyun Kim, 1–33. Chicago: Univ. of Chicago Press.

Jasanoff, Sheila, und Sang-Hyun Kim. 2009. Containing the atom: Sociotechnical imaginaries and nuclear power in the United States and South Korea. *Minerva* 47:119–146. https://doi.org/10.1007/s11024-009-9124-4.

Jasanoff, Sheila, und Sang-Hyun Kim, Hrsg. 2015. *Dreamscapes of modernity. Sociotechnical imaginaries and the fabrication of power*. Chicago: Univ. of Chicago Press.

Jensen, Jens F. 1999. The concept of ›Interactivity‹ in ›Interactive Television‹ and ›Interactive Media‹. In *Interactive television. TV of the future or the future of TV*, Hrsg. Jens F. Jensen und Cathy Toscan, 25–66. Aalborg: Aalborg Univ. Press.

Jensen, Jens F., und Cathy Toscan, Hrsg. 1999. *Interactive television. TV of the future or the future of TV*. Aalborg: Aalborg Univ. Press.

Johnson, Brian D. 2009. Science fiction prototypes or: How i learned to stop worrying about the future and love science fiction. *Intelligent Environments* 2:3–8.

Jouvenel, Bertrand de. 1967. *Die Kunst der Vorausschau*. Neuwied: Luchterhand.

Kaerlein, Timo. 2018. *Smartphones als Nahkörpertechnologien. Zur Kybernetisierung des Alltags*. Bielefeld: transcript.

Kamper, Dietmar. 1986. *Zur Soziologie der Imagination*. München: Carl Hanser.

Kihlstedt, Folke T. 1986. Utopia realized. The world fairs of the 1930s. In *Imagining tomorrow. History, technology, and the american future*, Hrsg. Joseph Corn, 97–118. Cambridge: The MIT Press.

Kinnebrock, Susanne, Christian Schwarzenegger, und Thomas Birkner, Hrsg. 2015. *Theorien des Medienwandels*. Köln: Herbert von Halem.

Kirby, David A. 2003a. Science consultants, fictional films, and scientific practice. *Social Studies of Science* 33 (2): 231–268. https://doi.org/10.1177/03063127030332015.

Kirby, David A. 2003b. Scientists on the set: Science consultants and the communication of science in visual fiction. *Public Understanding of Science* 12:261–278.

Kirby, David A. 2010. The future is now: Diegetic prototypes and the role of popular films in generating real-world technological development. *Social Studies of Science* 40 (1): 41–70. https://doi.org/10.1177/0306312709338325.

Kirby, David A. 2011. *Lab coats in hollywood. Science, scientists, and cinema*. Cambridge: The MIT Press.

Kirchmann, Kay, und Jens Ruchatz, Hrsg. 2014. *Medienreflexion im Film. Ein Handbuch*. Bielefeld: transcript.

Kittler, Friedrich A. 1986. *Grammophon, film, typewriter*. Berlin: Brinkmann & Bose.

Kittler, Friedrich A. 1993a. *Draculas Vermächtnis. Technische Schriften*. Leipzig: Reclam.

Kittler, Friedrich A. 1993b. Geschichte der Kommunikationsmedien. In *Raum und Verfahren*, Hrsg. Jörg Huber und Alois Müller, 169–188. Basel: Stroemfeld/Roter Stern.

Kittler, Friedrich A. 2000. *Optische Medien. Berliner Vorlesung 1999*. Berlin: Merve.

Kluitenberg, Eric. 2006a. Second introduction to an archaeology imaginary media. In *The book of imaginary media. Excavating the dream of the ultimate communication medium*, Hrsg. Eric Kluitenberg, 7–25. Rotterdam: De Balie / NAi Pub.

Kluitenberg, Eric, Hrsg. 2006b. *The book of imaginary media. Excavating the dream of the ultimate communication medium.* Rotterdam: De Balie / NAi Pub.

Koselleck, Reinhart. 1989. *Vergangene Zukunft. Zur Semantik geschichtlicher Zeiten.* Frankfurt a. M.: Suhrkamp.

Kosow, Hannah, und Robert Gaßner. 2008. *Methoden der Zukunfts- und Szenarioanalyse. Überblick, Bewertungen und Auswahlkriterien.* Berlin: Institut für Zukunftsstudien und Technologiebewertung.

Krämer, Sybille. 2005. ›Operationsraum Schrift‹: Über einen Perspektivenwechsel in der Betrachtung der Schrift. In *Schrift. Kulturtechnik zwischen Auge, Hand und Maschine*, Hrsg. Gernot Grube, Werner Kogge, und Sybille Krämer, 23–57. München: Fink.

Kymäläinen, Tiina. 2016. Science fiction prototypes as a method for discussing socio-technical issues within emerging technology research and foresight. *Athens Journal of Technology & Engineering* 3 (4): 333–347.

Lacan, Jacques. 1991. Das Spiegelstadium als Bildner der Ichfunktion, wie sie uns in der psychoanalytischen Erfahrung erscheint. In *Schriften I*, Hrsg. Jacques Lacan, 61–70. Weinheim: Quadriga.

Lakoff, George. 1987. *Women, fire, and dangerous things. what categories reveal about the mind.* Chicago: Univ. of Chicago Press.

Latham, Rob, Hrsg. 2017. *Science fiction criticism. An anthology of essential writings.* London: Bloomsbury.

Latour, Bruno. 2006. Drawing things together: Die Macht der unveränderlich mobilen Elemente. In *ANThology. Ein einführendes Handbuch zur Akteur-Netzwerk-Theorie*, Hrsg. Andréa Belliger und David J. Krieger, 259–307. Bielefeld: transcript.

Leigh Star, Susan. 2017. *Grenzobjekte und Medienforschung*, Hrsg. Sebastian Gießmann und Nadine Taha. Bielefeld: transcript.

Lengersdorf, Diana, und Matthias Wieser, Hrsg. 2014. *Schlüsselwerke der Science & Technology Studies.* Wiesbaden: Springer VS.

Licklider, Joseph C. R., und Robert Taylor. 1968. The computer as a communication device. *Science and Technology* 76:21–41.

Liggieri, Kevin, und Oliver Müller, Hrsg. 2019. *Mensch-Maschine-Interaktion. Handbuch zu Geschichte – Kultur – Ethik.* Stuttgart: Metzler.

Link, Jürgen. 2013. *Diskurs, Interdiskurs, Kollektivsymbolik.* Weinheim: Beltz Juventa.

Liu, Cixin. 2015. *The three-body problem.* London: Head Zeus.

Liu, Cixin. 2016. The robot revolution will be the quietest one. New York times. https://www.nytimes.com/2016/12/07/opinion/the-robot-revolution-will-be-the-quietest-one.html. Zugegriffen: 30. Jan. 2020.

Lüdemann, Susanne. 2004. *Metaphern der Gesellschaft. Studien zum soziologischen und politischen Imaginären.* München: Fink.

Luhmann, Niklas. 2004. *Die Realität der Massenmedien*. Wiesbaden: VS Verlag.

Luhmann, Niklas. 2006. Beschreibungen der Zukunft. In *Beobachtungen der Moderne*, Hrsg. Niklas Luhmann, 129–148. Wiesbaden: VS Verlag.

Macho, Thomas, und Annette Wunschel, Hrsg. 2004. *Science & Fiction. Über Gedankenexperimente in Wissenschaft, Philosophie und Literatur*. Frankfurt a. M.: Fischer.

Malinowski, Bernadette. 2003. Theorien des Imaginären. Fragmente einer Geschichte der Einbildungskraft. In *Theorien der Literatur: Bd. 1: Grundlagen und Perspektiven*, Hrsg. Vilmar Geppert und Hubert Zapf, 51–88. Tübingen: Francke.

Manovich, Lev. 2001. *The language of new media*. Cambridge: The MIT Press.

Manovich, Lev. 2013. *Software takes command. Extending the language of new media*. New York: Bloomsbury.

Marcus, George E. 1995. *Technoscientific imaginaries. Conversations, profiles, and memoirs*. Chicago: Univ. of Chicago Press.

Marshall, Jules. 1993. The medium is the mission. *Wired-Magazine* (01. Mai 1993).

Marvin, Carolyn. 1986. Dazzling the multitude: Imagining the electric light as a communication medium. In *Imagining tomorrow. History, technology, and the American future*, Hrsg. Joseph Corn, 202–216. Cambridge: The MIT Press.

Marvin, Carolyn. 1988. *When old technologies were new. Thinking about electric communication in the late nineteenth century*. Oxford: Oxford Univ Press.

Mason, Paul. 2017. *Postkapitalismus. Grundrisse einer kommenden Ökonomie*. Bonn: Bundeszentrale für politische Bildung.

McNeil, Maureen, Michael Arribas-Ayllon, Joan Haran, Adrian Mackenzie, und Richard Tutton. 2017. Conceptualizing imaginaries of science, technology, and society. In *The handbook of science and technology studies*, Hrsg. Ulrike Felt, Rayvon Fouché, Clark A. Miller, und Laurel Laurel Smith-Doerr, 435–463. Cambridge: The MIT Press.

Mechant, Peter, und Jan van Looy. 2014. Interactivity. In *The Johns Hopkins guide to digital media*, Hrsg. Benjamin J. Robertson, Lori Emerson, und Marie-Laure Ryan, 302–305. Baltimore: Johns Hopkins Univ. Press.

Mehnert, Wenzel. 2019. The future is near: Schnittstellen einer negativen Zukunft. In *Uncanny interfaces*, Hrsg. Konstantin Daniel Haensch, Lara Nelke, und Matthias Planitzer, 54–68. Hamburg: Textem.

Meier, Christian J. 2015. *Eine kurze Geschichte des Quantencomputers. Wie bizarre Quantenphysik eine neue Technologie erschafft*. Hannover: Heise.

Michael, Mike. 2000. »Futures of the Present: From Performativity to Prehension«. In *Contested Futures. A sociology of prospective technoscience*, Hrsg. Nik Brown, Brian Rappert, und Andrew Webster, 21–39. Aldershot: Ashgate.

Minois, Georges. 2002. *Die Geschichte der Prophezeiungen. Orakel, Utopien, Prognosen.* Düsseldorf: Albatros.

Montfort, Nick. 2017. *The future.* Cambridge: The MIT Press.

Morozov, Evgeny. 2019. Digital socialism. *New Left Review* 116 (117): 33–67.

Mosco, Vincent. 2004. *The digital sublime. Myth, power, and cyberspace.* Cambridge: The MIT Press.

Nassehi, Armin. 2019. *Muster. Theorie der digitalen Gesellschaft.* München: Beck.

Natale, Simone. 2014. Introduction: New media and the imagination of the future. *Journal of Mobile Media* 8 (2): 1–8.

Natale, Simone. 2016. There are no old media. *Journal of Communication* 66:585–603.

Natale, Simone, und Gabriele Balbi. 2014. Media and the imaginary in history. *Media History* 20 (2): 203–218.

Natale, Simone, und Andrea Ballatore. 2017. Imagining the thinking machine: Technological Myths and the Rise of Artificial Intelligence. *Convergence. The International Journal of Research into New Media Technologies*, 1–16. https://doi.org/10.1177/1354856517715164.

Nerlich, Brigitte, und Carol Morris. 2015. Imagining Imaginaries. http://blogs.nottingham.ac.uk/makingsciencepublic/2015/04/23/imagining-imaginaries/. Zugegriffen: 26. Febr. 2020.

Paul, Heike, Hrsg. 2019. *Critical terms in futures studies.* Cham: Palgrave Macmillian.

Pausch, Randy, Jon Snoddy, Robert Taylor, Scott Watson, und Eric Haseltine. 1996. Disney's aladdin: First steps toward storytelling in virtual reality. *SIGGRAPH proceedings of the 23rd Annual conference on computer graphics and interactive techniques*: 193–203.

Pethes, Nicolas. 2003. ›Thinking Ahead‹. Fiction as prediction in popular scripts on political scenarios. *Soziale Systeme* 9 (2): 272–284.

Pfeiffer, Karl Ludwig. 1999. *Das Mediale und das Imaginäre. Dimensionen kulturanthropologischer Medientheorie.* Frankfurt a. M.: Suhrkamp.

Pias, Claus. 2004. Kalküle der Hoffnung. In *Science & Fiction. Über Gedankenexperimente in Wissenschaft, Philosophie und Literatur*, Hrsg. Thomas Macho und Annette Wunschel, 81–100. Frankfurt a. M.: Fischer.

Pias, Claus, Hrsg. 2005. *Zukünfte des Computers.* Zürich: diaphanes.

Poetry in Physics. 2017. A physicist responds to ›The Three Body Problem‹ part 2. https://poetryinphysics.wordpress.com/2017/01/10/a-physicist-responds-to-the-three-body-problem-part-2/. Zugegriffen: 30. Jan. 2020.

Poetry in Physics. 2016. A physicist responds to ›The Three Body Problem‹. https://poetryinphysics.wordpress.com/2016/11/09/a-physicist-responds-to-the-three-body-problem/. Zugegriffen: 30. Jan. 2020.

Polak, Fred L. 1971. *Prognostics. A science in the making surveys and creates the future.* Elsevier Scientific: Elsevier.

Polak, Fred L. 1973. *The image of the future.* Amsterdam: Elsevier Scientific.

Polanyi, Michael. 1985. *Implizites Wissen.* Frankfurt a. M.: Suhrkamp.

Postman, Neil. 1985. *Wir amüsieren uns zu Tode. Urteilsbildung im Zeitalter der Unterhaltungsindustrie.* Frankfurt a. M.: Fischer.

Raser, John R. 1969. *Simulation and society. An exploration of scientific gaming.* Boston: Allyn & Bacon.

Reckwitz, Andreas. 2017. *Die Gesellschaft der Singularitäten. Zum Strukturwandel der Moderne.* Berlin: Suhrkamp.

Rescher, Nicholas. 1998. *Predicting the future. An introduction to the theory of forecasting.* Albany: State Univ. of New York Press.

Rescher, Nicholas. 2009. Future knowledge and its problems. In *Unknowability. An inquiry into the limits of knowledge,* Hrsg. Nicholas Rescher, 11–19. Lanham: Lexington.

Rescher, Nicholas. 2012. The problem of future knowledge. *Mind & Society* 11:149–163.

Ribeiro, Nelson. 2015. The discourse on new media. Between utopia and disruption. In *Theorien des Medienwandels,* Hrsg. Susanne Kinnebrock, Christian Schwarzenegger, und Thomas Birkner, 211–230. Köln: Herbert von Halem.

Robben, Bernard, und Heidi Schelhowe, Hrsg. 2012. *Be-greifbare Interaktionen der allgegenwärtigen Computer: Touchscreens, wearables, tangibles und ubiquitous computing.* Bielefeld: transcript.

Rogers, Yvonne. 2006. Moving on from Weiser's Vision of calm computing: Engaging UbiComp experiences. In *UbiComp 2006: Ubiquitous computing. Proceedings of the 8th international conference, ubicomp 2006, orange county, CA, USA, September 17–21, 2006,* Hrsg. Paul Dourish und Adrian Friday, 404–421. Berlin: Springer.

Rötzer, Florian. 1987. *Französische Philosophen im Gespräch.* München: Klaus Boer.

Şahinol, Melike. 2014. Sheila Jasanoff: Wissenschafts- und Technikpolitik in zeitgenössischen, demokratischen Gesellschaften. In *Schlüsselwerke der Science & Technology Studies,* Hrsg. Diana Lengersdorf und Matthias Wieser, 293–303. Wiesbaden: Springer VS.

Sartre, Jean-Paul. 1995. *Das Imaginäre. Phänomenologische Psychologie der Einbildungskraft.* Reinbek bei Hamburg: Rowohlt.

Schröter, Jens. 2004a. Analog/Digital – Opposition oder Kontinuum? In *Analog/Digital – Opposition oder Kontinuum? Zur Theorie und Geschichte einer Unterscheidung,* Hrsg. Jens Schröter und Alexander Böhnke, 7–30. Bielefeld: transcript.

Schröter, Jens. 2004b. *Das Netz und die virtuelle Realität. Zur Selbstprogrammierung der Gesellschaft durch die universelle Maschine.* Bielefeld: transcript.

Schröter, Jens. 2009. *3D Zur Geschichte, Theorie und Ästhetik des technisch-transplanen Bildes.* München: Fink.

Schröter, Jens. 2015. Der 3D-Drucker und der Kapitalismus. *Sprache und Literatur* 46 (115–116): 106–118.

Schröter, Jens. 2017. Der Markt, das implizite Wissen und die Medien. In *Medien, Interfaces und implizites Wissen.* (=Navigationen. Zeitschrift für Medien- und Kulturwissenschaften 17, 2), Hrsg. Christoph Ernst, und Jens Schröter, 131–140.

Schröter, Jens. 2018. Das Holodeck als Leitbild. *Bildwelten des Wissens* 14:90–99.

Schröter, Jens, und Alexander Böhnke, Hrsg. 2004. *Analog/Digital. Opposition oder Kontinuum. Zur Theorie und Geschichte einer Unterscheidung.* Bielefeld: transcript.

Schröter, Jens, und Gregor Schwering. 2014. Modelle des Medienwandels und der Mediengeschichtsschreibung. In *Handbuch Medienwissenschaft*, Hrsg. Jens Schröter, unter Mitarbeit von Simon Ruschmeyer und Elisabeth Walke, 179–190. Stuttgart: Metzler.

Schulte-Sasse, Jochen. 2010. Einbildungskraft/Imagination. In *Ästhetische Grundbegriffe. Studienausgabe, Bd. 2: Dekadent bis Grotesk*, Hrsg. Karlheinz Brack, Martin Fontius, Dieter Schlenstedt, Burkhart Steinwachs, und Friedrich Wolfzettel, 88–120. Stuttgart: Metzler.

Schüttpelz, Erhard. 2006. Die medienanthropologische Kehre der Kulturtechniken. In *Kulturgeschichte als Mediengeschichte (oder vice versa?)*, Hrsg. Lorenz Engell, Joseph Vogl, und Bernhard Siegert, 87–109. Weimar: Weimar Univ. Verlag.

Schüttpelz, Erhard. 2009. Die medientechnische Überlegenheit des Westens. Zur Geschichte und Geographie der *Immutable Mobiles* Bruno Latours. In *Mediengeographie. Theorie – Analyse – Diskussion*, Hrsg. Jörg Döring und Tristan Thielmann, 67–110. Bielefeld: transcript.

Schüttpelz, Erhard. 2019. Die Irreduzibilität des technischen Könnens. In *Materialität der Kooperation*, Hrsg. Sebastian Gießmann, Tobias Röhl, und Ronja Trischler, 413–437. Wiesbaden: Springer VS.

Sconce, Jeffrey. 2004. Mediums and media. In *Information superhighways, virtual communities, and digital libraries: Information society metaphors as political rhetoric*, Hrsg. Marita Sturken, Douglas Thomas, und Sandra Ball-Rokeach, 48–70. Philadelphia: Temple Univ. Press.

Seefried, Elke. 2015. *Zukünfte: Aufstieg und Krise der Zukunftsforschung 1945–1980*. Berlin: De Gruyter Oldenbourg.

Selke, Stefan, und Ullrich Dittler, Hrsg. 2009. *Postmediale Wirklichkeiten. Wie Zukunftsmedien die Gesellschaft verändern*. Hannover: Heise.

Shah, Nishant. 2017. Interface. In *Nach der Revolution. Ein Brevier digitaler Kulturen*, Hrsg. Timon Beyes, Jörg Metelmann, und Claus Pias, 152–160. Berlin: Tempus.

Singh, Simon. 2017. *Geheime Botschaften. Die Kunst der Verschlüsselung von der Antike bis in die Zeiten des Internet.* München: dtv.

Sismondo, Sergio. 2010. *An introduction to science and technology studies.* Malden: Wiley-Blackwell.

Smith, Wally. 2009. Theatre of use: A frame analysis of information technology demonstrations. *Social Studies of Science* 39 (3): 449–480.

Sneath, David, Martin Holbraad, und Morten Axel Pedersen. 2009. Technologies of the imagination: An introduction. *Ethos* 74 (1): 5–30. https://doi.org/10.1080/00141840902751147.

Sobchack, Vivian. 2004. Science fiction film and the technological imagination. In *Technological visions. The hopes and fears that shape new technologies*, Hrsg. Marita Sturken, Douglas Thomas, und Sandra Ball-Rokeach, 145–158. Temple Univ: Press.

Spengler, Birgit. 2019. Imagination. In *Critical terms in futures studies*, Hrsg. Heike Paul, 163–169. Cham: Palgrave Macmillian.

Spiegel, Simon. 2007. *Die Konstitution des Wunderbaren. Zu einer Poetik des Science-Fiction-Films*. Marburg: Schüren.

Sprenger, Florian. 2019. Ubiquitous Computing vs. Virtual Reality. Zukünfte des Computers um 1990 und die Gegenwart der Virtualität. In *Handbuch Virtualität*, Hrsg. Dawid Kasprowicz und Stefan Rieger, 1–13. Wiesbaden: Springer VS. https://doi.org/10.1007/978-3-658-16358-7_9-1.

Sprenger, Florian, und Christoph Engemann. 2015a. Im Netz der Dinge. Zur Einleitung. In *Internet der Dinge. Über smarte Objekte, Intelligente Umgebungen und die technische Durchdringung der Welt*, Hrsg. Florian Sprenger und Christoph Engemann, 7–58. Bielefeld: transcript.

Sprenger, Florian, und Christoph Engemann, Hrsg. 2015b. *Internet der Dinge. Über smarte Objekte, intelligente Umgebungen und die technische Durchdringung der Welt*. Bielefeld: transcript.

Stableford, Brian. 2019. Near future. http://www.sf-encyclopedia.com/entry/near_future. Zugegriffen: 18. Febr. 2020.

Steger, Manfred B. 2008. *The rise of the global imaginary. Political ideologies from the french revolution to the global war on terror*. Oxford: Oxford Univ Press.

Steinmüller, Karlheinz. 1999. Zukünfte, die nicht Geschichte wurden. Zum Gedankenexperiment in Zukunftsforschung und Geschichtswissenschaft. In *Was wäre wenn. Alternativ- und Parallelgeschichte: Brücken zwischen Phantasie und Wirklichkeit*, Hrsg. Michael Salewski, 43–53. Stuttgart: Steiner.

Steinmüller, Karlheinz. 2007a. Zeichenprozesse auf dem Weg in die Zukunft: Ideen zu einer semiotischen Grundlegung der Zukunftsforschung. In *Zukunftszeichen. Semiotik und Futurologie* (=Zeitschrift für Semiotik 29, 2–3), Hrsg. Karlheinz Steinmüller, 157–175. Tübingen: Stauffenburg.

Steinmüller, Karlheinz, Hrsg. 2007b. *Zukunftszeichen. Semiotik und Futurologie* (=Zeitschrift Für Semiotik 29, 2–3). Tübingen: Stauffenburg.

Stöber, Rudolf. 2004. What media evolution is. A theoretical approach to the history of new media. *European Journal of Communication* 19 (4): 483–505.

Stork, David G., Hrsg. 1997. *Hal's Legacy: 2001's Computer as dream and reality*. Cambridge: The MIT Press.

Strauss, Claudia. 2006. The imaginary. *Anthropological Theory* 6 (3): 322–344.

Sturken, Marita, und Douglas Thomas. 2004. Introduction. Technological visions and the rhetoric of the new. In *Technological visions. The hopes and fears that shape new technologies*, Hrsg. Marita Sturken, Douglas Thomas, und Sandra Ball-Rokeach, 1–18. Philadelphia: Temple Univ. Press.

Suchman, Lucy A., Randall Trigg, und Jeanette Blomberg. 2002. Working artefacts: Ethnomethods of the prototype. *British Journal of Sociology* 53 (2): 163–179.

Taylor, Charles. 2002. Modern social imaginaries. *Public Culture* 14 (1): 91–124.

Taylor, Charles. 2004a. *Modern social imaginaries*. Durham: Duke Univ. Press.

Taylor, Charles. 2004b. On social imaginary. https://web.archive.org/web/20041019043656/http://www.nyu.edu/classes/calhoun/Theory/Taylor-on-si.htm. Zugegriffen: 14. Juni 2019.

Todtenhaupt, Anja Claudia. 2000. *Cyber-TV. Die Digitalisierung der Film- und Fernsehproduktion*. Münster: LIT.

Toffler, Alvin, und Heidi Toffler. 1971. *Future shock*. New York: Bantam Books.

Trautmann, Felix, Hrsg. 2017. *Das politische Imaginäre. Politische Befreiung und das Rätsel der freiwilligen Knechtschaft. Freiheit und Gesetz V*. Berlin: August.

Turkle, Sherry. 2004. ›Spinning‹ technology: What we are not thinking about when we are thinking about computers. In *Technological visions. The hopes and fears that shape new technologies*, Hrsg. Marita Sturken, Douglas Thomas, und Sandra Ball-Rokeach, 19–33. Philadelphia: Temple Univ. Press.

Van Lente, Harro. 2012. Navigating foresight in a sea of expectations: Lessons from the sociology of expectations. *Technology Analysis & Strategic Management* 24:769–782.

Van Riper, A. Bowdoin. 2013. Imagining tomorrow: Why the technological future we imagine is seldom the one we get. *Synesis. A Journal of Science, Technology, Ethics, and Politics* 4:21–28.

Vogelstein, Fred. 2013. And then Steve said, ›Let There be an iPhone‹. New York Times. https://www.nytimes.com/2013/10/06/magazine/and-then-steve-said-let-there-be-an-iphone.html. Zugegriffen: 04. Sept. 2019.

Vogl, Joseph. 2001. Medien-Werden. Galileis Fernrohr. *Mediale Historiographien* 1:115–123.

von Hilgers, Philipp. 2008. *Kriegsspiele. Eine Geschichte der Ausnahmezustände und Unberechenbarkeiten*. München: Fink.

Waffender, Manfred. 1991. *Cyberspace. Ausflüge in virtuelle Welten*. Reinbek bei Hamburg: Rowohlt.

Waldenfels, Bernhard. 1987. *Ordnung im Zwielicht*. Frankfurt a. M.: Suhrkamp.

Waldenfels, Bernhard. 1996. Cornelius Castoriadis. Der Primat der Einbildungskraft. In *Deutsch-französische Gedankengänge*, Hrsg. Bernhard Waldenfels, 172–197. Darmstadt: Wissenschaftliche Buchgesellschaft.

Walter, Sven. 2014. *Kognition*. Stuttgart: Reclam.

Warnke, Martin. 2005. Quantum computing. In *HyperKult 11. Zur Ortsbtstimmung analoger und digitaler Medien*, Hrsg. Martin Warnke, Wolfgang Coy, und Georg Christoph Tholen, 151–172. Bielefeld: transcript.

Warnke, Martin. 2011. *Theorien des Internet zur Einführung*. Hamburg: Junius.

Warnke, Martin. 2013. Quantencomputer taktlos. In *Kulturtechniken der Synchronisation*, Hrsg. Christian Kassung und Thomas Macho, 269–287. Paderborn: Fink.

Warnke, Martin. 2014. Quantencomputer / Quantenkryptographie. In *Handbuch Medienwissenschaft*, Hrsg. Jens Schröter, unter Mitarbeit von Simon Ruschmeyer und Elisabeth Walke, 369–371. Stuttgart: Metzler.

Weber, Thomas. 2008. *Medialität als Grenzerfahrung. Futuristische Medien im Kino der 80er und 90er Jahre*. Bielefeld: transcript.

Weidner, Daniel, und Stefan Willer. 2013. Fürsprechen und Vorwissen. Zum Zusammenhang von Prophetie und Prognostik. In *Verfügungen über Zukunft in Wissenschaften, Religionen und Künsten*, Hrsg. Daniel Weidner und Stefan Willer, 9–19. München: Fink.

Weiser, Mark. 1991. The computer for the 21st century. *Scientific American* 265 (3): 94–104.

Weiser, Mark, und John Seely Brown. 2015. Das kommende Zeitalter der Calm Technology. In *Internet der Dinge. Über smarte Objekte, intelligente Umgebungen und die technische Durchdringung der Welt*, Hrsg. Florian Sprenger und Christoph Engemann, 59–71. Bielefeld: transcript.

Westaway, Luke. 2011. Samsung says 2001: A Space Odyseey invented the tablet, not apple. https://www.cnet.com/news/samsung-says-2001-a-space-odyssey-invented-the-tablet-not-apple/. Zugegriffen: 19. Aug. 2019.

Wikipedia. 2019a. Imagination. https://de.wikipedia.org/wiki/Imagination. Zugegriffen: 19. Aug. 2019.

Wikipedia. 2019b. Imaginary (sociology). https://en.wikipedia.org/wiki/Imaginary_(sociology). Zugegriffen: 19. Aug. 2019.

Wilson, Andrew. 1968. *The bomb and the computer*. London: Barrie and Rockliff.

Winkler, Hartmut. 1997. *Docuverse. Zur Medientheorie der Computer*. München: Boer.

Winkler, Hartmut. 2004a. *Diskursökonomie. Versuch über die innere Ökonomie der Medien.* Frankfurt a. M.: Suhrkamp.

Winkler, Hartmut. 2004b. Medium Computer. Zehn populäre Thesen zum Thema und warum sie möglicherweise falsch sind. In *Das Gesicht der Welt. Medien in der digitalen Kultur,* Hrsg. Lorenz Engell und Britta Neitzel, 203–213. München: Fink.

Winkler, Hartmut. 2006. Nicht handeln. Versuch einer Wiederaufwertung des couch potato angesichts der Provokation des interaktiv Digitalen. In *Philosophie des Fernsehens,* Hrsg. Oliver Fahle und Lorenz Engell, 93–101. München: Fink.

Winkler, Hartmut. 2008. *Basiswissen Medien.* Frankfurt a. M.: Fischer.

Winner, Langdon. 2004. Sow's ears from silk purses: The strange alchemy of technological visionaries. In *Technological visions. The hopes and fears that shape new technologies,* Hrsg. Marita Sturken, Douglas Thomas, und Sandra Ball-Rokeach, 34–47. Philadelphia: Temple Univ. Press.

Winston, Brian. 1998. *Media technology and society. A history from the telegraph to the internet.* London: Routledge.

Wired Staff. 2017. Even Steve jobs didn'd predict the iPhone decade. Wired Magazine 2017.01.09. https://www.wired.com/2017/01/apple-iphone-10th-anniversary/. Zugegriffen: 16. Jan. 2020.

Wirth, Uwe, Hrsg. 2002. *Performanz. Zwischen Sprachphilosophie und Kulturwissenschaften.* Suhrkamp: Frankfurt a. M.

Wyatt, Sally. 2000. Talking about the future: Metaphors of the internet. In *Contested futures. A sociology of prospective techno-science,* Hrsg. Nik Brown, Brian Rappert, und Andrew Webster, 109–126. Aldershot: Ashgate.

Wythoff, Grant. 2013. Pocket wireless and the shape of media to come 1899–1922. *Grey Room* 51:40–63.

Zitt, Hubert. 2014. Utopien, die wahr wurden. Star Trek im Reality Check. *nemo. Technik. Damals. Heute* 1:83–88.

Zybura, Jan. 2014. Science fiction prototyping as a tool to turn patents into innovative marketable products. *Ambient Intelligence and Smart Environments* 18:235–246.

Printed in the United States
By Bookmasters